日本啊！台灣啊！
金美齡・周英明◎著
張良澤◎譯

序章

歸鄉—闊別四十載的故鄉

久違而溫馨的台灣

周英明 Syu Eimei

◆踩在台灣的大地上

現在，我雙腳牢牢踩着的，確確實實是祖國台灣的土地。

通過激烈的競爭，我考上公費留學生，於一九六一年從台灣到日本留學（民國五十年、昭和三十六年），那年我二十七歲。此後的四十年間，我一直在日本營生求存，拒絕踏上台灣一步。

在台灣讀過初中、高中、大學的我，正值滿懷希望的青春年華，每當想到統治台灣的蔣介石國民黨政府的種種倒行逆施，胸口就脹痛欲裂；但若有一言半語表示不平不滿，結果不是死就是坐牢。

台大畢業之後，咬緊牙根服完了一年又六個月的兵役，重返母校當助教的我，想想台灣非久留之地，於是選擇了留學日本之路，告別雙親，離開了祖國。

然而四十年之後，重新踏上台灣祖國之地時，這裡竟與日本一樣地流蕩着溫馨的空氣。

為什麼年屆六十七歲才想要歸鄉呢?其經緯將在本書中詳述。於此,先簡單陳述原委如下——

對我而言,恩仇之地的台灣朝向自由化、民主化大轉變的契機,始於一九八八年李登輝昇任總統之際。

赴日留學後不久,我因參加台灣獨立運動而被國民黨政府列入黑名單,並知會台灣派駐各國的大使館和領事館。這樣一來,我自然就不想回國了。一旦回國,馬上就會被扣上「叛亂分子」的罪名被捕入獄,毫無生命的保障。

為了護照的延期,我特地跑到駐日大使館去申請,結果他們不聲不響地把我的護照沒收了。此時,我反而有一種莫可言喻的解放感,心中暗喜道:「啊,今後再也不必跟那些傢伙有任何關聯了。」

「誰願意回去那種地方?誰願意再持那本印有青天白日旗的中華民國護照?」這種念頭一直盤踞在我心中將近四十年。

如今,雖說已自由化了,但要再申請護照的話,就得與那個國家扯上關係。「眞不甘願!」——一種厭惡感又湧上心頭。

雙親病危時,我不能回國;臨終前也不能見最後一面。國民黨政府把我逼迫到這地步。事到如今，我豈能搖着尾巴說：「是，是，讓我回去，我就回去」這樣的話？

◆心中的「結」與惡夢

心中的「結」隨着歲月而愈來愈牢固，猶如糾纏在一起的絲線，總是解不開來。這樣的情結變成惡夢，長年以來，我常被惡夢襲擊。

在夢中，我回到了台灣。「奇怪呀，我明明住在東京……。這裡不是台灣嗎？爲什麼我會來到這地方呢？危險！不趕快逃走的話，會被殺掉的！」

我在街上東跑西竄，以爲跑到南部的高雄，竟逃到東海岸的花蓮港，但怎麼找都找不到逃生的出口。國民黨的特務到處盯着我。我陷入生死邊緣，無處可逃。怎麼辦？這時眼睛一睜開，全身汗水淋漓——無疑的，我已患了「心病」。

解開這情結的契機，是由於李登輝總統推行了自由化政策——重新調查被歷史封閉的二二八事件及排除把持四十年的外省人萬年國代、立委；加上支持在台被捕入獄的獨派人士，以及標榜台灣獨立的民進黨將要推出新總統人選，周遭的朋友紛紛掀起返台熱潮之際。

「我們生爲台灣人，爲什麼不能回台灣？我們該自己想辦法打破不公不義的限制。」「回台灣去」的返鄉運動，在世界各地展開。被列入黑名單的諸多人士中，甚至有人借來相貌或年紀相彷的他人護照，試圖闖關歸鄉。

當然大部分都被識破了。但盡管被發覺，他們還是挺胸說道：「沒錯，我是在〇〇搞獨立運動的××啦。回自己的故鄉，有什麼不對？」

闖關不成，馬上就得坐牢。所幸世界的輿論漸趨嚴厲，國民黨政府抓了他們，也不敢馬上就殺掉。

一九九二年起，被列入黑名單的獨立運動人士，終於階段性地獲得回歸祖國之路。從報紙、雜誌及個人的歸國觀感、談話中，得知台灣的局勢已在轉變了。周圍的人也跟我說：「爲什麼你還不回去呢？台灣不是你的故鄉嗎？爲了獨立運動，只剩你一個人也不太好。」

每次台灣總統大選時，中國的高官總是放話或以發射飛彈要脅，無端昇高台灣海峽的緊張情勢，造成亞洲各國軍事上的威脅。在以美國爲首的世界各國都在觀察中國的動靜並窺探其臉色之下，膽敢申請成爲中國恫喝對象的台灣國籍的這種行爲，或許可以透露出「中國你算老幾」的訊息——我的心境慢慢起了變化。

於是，二〇〇〇年八月二十八日，我踏上了濶別四十載的台灣的土地。

目次

第一章 在日本與台灣生活的日子

感覺舒適的日本統治時代

金美齡 Kin Birei

◆性急任性的性格遺傳自母親

昭和九年（一九三四）二月，我出生於台北，雙親是台南人。台南是淸朝統治時代曾有一段時期做爲台灣的首府古老街市。

因爲祖父早逝，加上當時尙爲年輕的第四夫人的祖母與男管家私奔，父親和兩個姑姑被迫留在那複雜的環境中。從第一夫人到第三夫人及其孩子們組成的大家庭中，沒有大人可以保護這三個孩子。父親經常要觀望周圍的臉色，同時照顧兩個妹妹，就這樣一步一步地克服人生種種困難。

相反的，母親的娘家經營茶業——栽種、製造、輸出都做；母親正是生在這台灣有名的先鋒產業家庭中的任性女兒。

我則承繼了父親北方人的血統，長臉高鼻的臉型，與母親激烈而任性的性格，是兩姊妹中的長女。「美齡」這個名字的由來，聽說是因爲當時做稻米買賣的父親認爲

「米」與「美」同音，爲了紀念自己的事業而命名的。

早在幼稚園的時期，我激烈的性格就開始表現出來了。

那時，能上幼稚園的孩子還是極少數。

記得是剛入幼稚園不久的事。

「大家來畫畫小白兎！」老師一指示，大家就埋首於畫紙中。

當時，只有我一個人不知所措。早熟而伶牙俐齒，卻唯獨對繪畫感到棘手，不知道小白兎該怎麼畫。

性急又任性的我爲了趕快脫離窘境，就拚命舉手叫：「老師！老師！」

可是老師不理不睬，慢條斯理地從盡端看着每個小朋友作畫而巡迴過來。不論我再怎麼叫喊，都得不到回應，令我急躁到了極點。

好不容易老師才走到我這兒來，我一氣之下，便使勁咬住老師的手。

▲高中畢業那天，金美齡（左）立即燙了頭髮，妹妹滿里（右）。

「拚命叫您來，怎麼不來呢——」

老師是按順序而來的，但我無法忍受。隔天起，我就不去幼稚園了。

另外大概是九歲時的事。父親因罹患結核病而長期住院，我被寄養於阿姑家幾個月。父親疼愛這位妹妹，想盡辦法讓她去日本的洋裁學校留學。阿姑回國後，在台南開辦洋裁學校，成了名女人。

當時這位阿姑正在談戀愛。對象是台灣人，一位留學東京美術學校（東京藝術大學前身），又留學法國，比阿姑大十歲左右的畫家。「爲什麼要嫁給吃不飽的畫家？」親戚們都反對。但阿姑排除親戚們的反對，兩人貫徹初衷，終於結婚了，蜜月旅行決定去台北。

「我也要一起去台北。我要見爸媽！」我興奮道。

但是兩人的蜜月旅行豈有第三者同行的道理。性格剛強明快的阿姑一口回絕說：「不行！」我就大哭大鬧。

來商量行程的畫家拚命安慰我，說要帶我去台南唯一可吃到法國料理的鐵路飯店（現在的台南大飯店）。但不管怎麼說，我都執意要去台北。阿姑跟畫家說：「別管她。」結果把我丟下來了。

那時，我學會一個日後要活下去的必備智慧——「達成協議」的重要性。

姑丈拚命地對我提出妥協案，我該在適當的地步達成協議就好；偏偏我要執拗到底，最後弄得沒人要理會我，可謂一次痛苦的經驗。我深深得到一個教訓：人際關係之中，應該衡量自己的要求與周遭的狀況，在某一點就該妥協下來。我的姑丈就是台灣本土美術的先進畫家顏水龍。他一直是我最懷念的長輩。

◆日本人與台灣人無差別

比同班同學小一歲而小個子的我，僅僅六歲就開始在一年級的班上呼風喚雨。小我兩歲半的妹妹看我每天快樂地上學，便說「我也要去學校」。我就把寸步不離我的妹妹帶去學校，讓她坐在我的旁邊一起上課，而老師卻什麼都沒說。不知道是因為寬宏大量的台灣人的個性使然，還是悠閑的時代使然？

有一次上書法課的時候，墨汁飛濺，大家騷嚷起來。老師大為生氣，叫全班學生排成一隊，拿竹棒從第一個「噼咻」「噼咻」地打過來。「為什麼？我又沒做錯什麼……」我在心裏嘀咕着。小個子又儼然是班上領導者的我站到隊伍的最後面，輪到我時，老師照樣打了一下，但顯然老師手下留了情。啊，老師對我特別憐惜。——小小年紀，我就有敏銳的政治性感覺。

話說日本統治下的台灣，初等教育分為小學校與公學校。其區別的基準就看能否自如地使用日本話。

因此，日本人自然都進了「小學校」；而台灣人家庭，若想要在小學校接受較高水準的教育，從小就得訓練講日本話，這樣的台灣人小孩也可以進小學校。

常有人渲染「創氏改名」是日本的殖民地政策，而且是強制的，令人感到痛苦。其實在台灣實施的「改姓名」完全是自主性的；想要進「小學校」，想要更接近日本人而改成日本名的人不在少數。

我以台灣話為母語，到達學齡便可在學校學習日本話，所以入了「公學校」。就讀小學二、三年級兩年期間，我隨父親移居日本大阪。升四年級回台時，我的日語雖然有一點關西腔，但已經運用自如，便轉入了台北的「壽小學校」就讀。

「把今天所上的課文重抄一遍。」不知何故，級任導師每次都叫我們做這樣的習題。下次上課時，老師就在我們所抄的最後一頁蓋章。

「那種無聊的習題誰要寫？……」想讀小說的我馬上就想到偷工減料的方法。就是只抄第一頁與最後一頁，中間全部省略。老師每次只看最後一頁，所以都安全過關。

但天網恢恢，疏而不漏。有一天，我忘了把筆記本帶來。

「回家去拿。老師等妳。」

從學校到家裏來回得花一個小時的路程，竟然叫我回去拿筆記本。要是只有一本筆記本的話，老師一定會從頭看到尾，這下子豈不全部曝光？但除了遵命回去之外，別無選擇的餘地。

老師果然發覺筆記本中間一片空白，對我說了一句：「妳的本性完全表露無遺。」聽了這話，我不禁打了個寒顫，心想：「被責備是應該的。因為錯的是我。」很奇怪，這次我毫無反抗心。

由於我天生性格激烈而任性，為了固執己見，偶爾會做出違規的事情。現在，自己的所做所為，正確與否？有無越出為人之道？這種察知善惡的力量，我從小就已具備了。

小學校的教師全是日本人，但並不因為這樣就對日本人孩子與只佔一兩成的台灣人孩子有所差別。做好事就褒獎，做壞事就叱責，這裡有的是健全的教育。

雖然是理所當然，但對我們而言，這是何等的幸運！

記憶中，當時的我曾有心同化於日本社會。由於戰爭漸劇，與內地（日本）一樣做為「保衛後方」的一員，我也寫了「謝謝前方戰士」的激勵信，也做了「慰問袋」寄往前線。

隨著戰況的惡化，市民生活的交通情況大受影響，軍用卡車變成了庶民的交通工具。尤其像我這樣小的孩子，上下卡車時，士兵們都很親切地伸出援手。

一旦赴戰場，在你死我活的煉獄中，他們被迫從事攸關生死的戰鬥。但在台灣社會中，我所看到的日本士官或士兵，都是堅強而溫和的保護者，絲毫沒有仇敵的印象。

在戰後的混亂中告別日本

周英明 Syu Eimei

◆戰敗國民變成戰勝國民

我於昭和八年（一九三三年）出生在九州福岡縣八幡市「八幡製鐵會社」的所在地，是旅日台灣人家庭，十兄弟中排行第八的孩子。

我那台籍的父親年僅十一歲就來日本，後來當了鐵道部的工程師，在日本住了四十幾年，已完全浸染於日本的水土。我們十個兄弟姊妹全部生於日本，也全在日本讀小、中學。昭和二十年（一九四五年）八月，我正是小學校六年級。

然而戰爭結束的同時，我竟不知如何自我定位。

因爲一向只覺得自己是普通的日本人，所以日本打敗仗時，我也同日本人一樣地感到非常悲傷。

但不久，周遭的台灣人紛紛說道：「不要搞錯了。不該說『打敗了』。我們本來就不是日本人嘛。我們是中國人啦。中國是聯軍的一份子，打贏了這場戰爭，所以我們要爲『勝利』而高興呀！」雖然聽人家這麼說，但我毫無做爲中國人的眞切感。反而覺得格格不入，開始思考「眞的是這樣嗎？那是正確的嗎？」

其後，旅居日本的台灣人組織了全國性的「台灣省民會」，先分發給每人一枚青天白日的徽章，並說明道：「這是戰勝國國民的標誌。只要佩帶這個，看電影、坐電車都免費啦。」

又有人說：「身爲戰勝國民，卻沒得東西吃，眞是惡劣待遇。但陸軍倉庫裡堆滿糧食，毛氈也很多，我們一起去籌措吧。」說的全是如意算盤的話。

到底那枚徽章是否眞有那般絕大效果，我沒試過，所以不知道；但聽說有人於戰後的混亂中，因爲它而取得毛氈。

在東京，一些非法之徒的台灣人勾結地痞流氓，爲了車站前被戰火燒成荒墟而不知誰屬的土地，終於發生「澁谷事件」等一連串的爭奪戰。在日本各地民心不安的這時期，有些台灣人一有什麼機會就大聲叫嚷：「我們是戰勝國的國民！日本打敗了，現在連三等國民都當不成了，你們是世界的五等國民啦。」這樣的台灣人，確實令吃了敗仗而抬不起頭來的日本人皺眉冷眼相看吧。

父親自鐵道部退休之後，一邊領養老金，一邊在「三菱化成會社」任特約人員，但終戰的同時就告失業了，收入歸零。我們一家人已失去做爲日本國民而獲得保護的立

▲1940年周英明就讀福岡縣八幡市的小學

場。加上日本軍的復員兵與民間人士源源不斷從外地歸國，糧食不足的問題更加嚴重。

「食物已快見底了，豈不是要餓死？」這種恐懼感經常侵襲著空腹的我，也讓全家人處於不安之中。

原先打算一生在日本生活的父親，把土地房屋等一切生活的基礎都建立在日本。台灣既無可歸的家，也無可依的親戚朋友。但若這樣在日本拖下去，也絕無活路。

「不管怎樣，暫時先回台灣避避難，等風暴過去之後，再回日本吧。」父親下了決斷，於是昭和二十一年（一九四六年），我們一家人遂與九州台灣省民會的成員約一百人一起離開了日本。

三等巡洋艦「萩」號駛離鹿兒島時，我遠遠地從海浪之間眺望「開聞岳」的三角形尖頂，感傷地自語着：「這是看日本的最後一眼了。」比起父親不久又要回日本的預想，還是我的直覺較準確。

◆難忘的魚丸湯滋味

爲了避開在戰爭期間撒佈於東海的魚雷，我們的船繞了一個大圈，循着靠近上海的航路，終於抵達台灣北部的基隆港。

「啊，終於回來了。平安無事地回到故鄉來了。」台灣生長的大人們沈醉在激情之中；但對我們一家而言，這是陌生之地，看父親連台灣話都快忘光了，要怎樣活下去呢？我深感不安。

入境時，也不問姓名，誰也沒有護照，大家就自動下船到碼頭。從碼頭緊接着就是市街。

這時，不知誰叫着：「啊，那邊啦！走吧！」也不知誰拉着我的手，我們便跟著一百多個群衆拚命跑了起來。

跑去一看，原來是賣魚丸湯的攤子。

「世間竟然有這麼好吃的東西！」不禁在心中感嘆道。我說得一點也不誇張。把魚肉搗碎做成魚丸而煮出來的湯，喝在嘴裏，眞有說不出的美味，頓時令我墜入渾然忘我之境。

後來才知道這不過是台灣極爲普通的鹹味淸湯，但大家一齊蜂擁圍住攤子，也不記得有無付錢，就吃得津津有味。魚丸湯一下子消解了我的空腹與心中的不安。

在日本戰後的缺糧時期，每天只喝稀薄得可以照面的白米湯來果腹。年幼的兩個小妹常叫着：「肚子餓了，有沒東西可以吃？」有時餓得受不了就哭起來。熱呼呼的魚丸湯拯救了全家人，讓我們脫離這種悲慘狀況，而成爲我的台灣經驗的原點。

時代劇變下的「小天才」

金美齡
Kin Birei

◆深切感受戰敗國民的悲哀

聽到日本戰敗的消息，我和日本人一起哭了。大概有很多台灣人同我一樣地感受到戰敗時的悲哀吧。

但過不久，大人們告訴我：「打敗的是日本，台灣只是他們的殖民地而已。戰爭結束了，我們要回到祖國的懷抱了。」

一想：「原來如此。那打贏比打輸好呀。」剛剛還跟日本人一起悲傷的我，一夜之間，立場有了一百八十度的轉變。對於周圍的人們及自己的轉變之快，使我徹悟人性的弱點。

這是人生難得一遇的大時代的轉捩點。

有些人要從台灣撤回日本。他們既不擔心台灣人予以加害，也沒有父子骨肉生離死別的悲慘遭遇。甚至還有台灣人爲他們開歡送會，親切地說：「等安定之後，再來台灣玩吧。」

當時日本人留下來的書籍成爲日後台灣人的精神糧食。這證明戰前的日本人的教養及文化水準確是一等國民。

只是到昨日爲止仍備受尊重的「夫人」，或人品高尚有社會地位的人，被迫放棄土地、家庭，不得已在路邊舖上草蓆拍賣帶不回去的家具，實在爲之心痛。這些人都沒罪過。相反的，他們都是努力奮鬥、認眞生活的人們。

這情景痛切地告訴我：國家與國民眞是唇齒相依，一旦國家敗亡，則國民的命運就不可測了。

今日日本人的思考與行動，看來都認爲自己與國家無關。但此一歷史事實，卻證明兩者是無可切割的命運共同體。

◆日語・台語徹底被排斥

我因天生聽力好，學語言相當得心應手。

戰後，中國語一下子湧進了台灣。這是一個大轉捩點，大家一齊從頭學起，我得到了好的開始。

我考上了位於台灣總督府斜對面、台灣首屈一指的名門女校——台北第一高等女學校（現爲台北市立第一女子高級中學），該校現在仍維持全國第一流的名校地位。很快地，從大陸來了中國人教師，把台語趕出了校門。因爲突然改成中國語的教育，所以學生們都聽得莫名其妙，只像鴨子聽雷似地啞口茫然。

有一次，歷史科的女老師上課，講得滔滔不絕；但學生們依然啞口瞠目。大概講到告一段落的地方，老師突然說：「ㄉㄨㄥˇ ㄅㄨˋ ㄉㄨㄥˇ？」

老師是在問我們「懂，不懂？」中文的「懂」就是明白了的意思，而不明白的時候，上面加個「不」字，即「不懂」。這種用法非常普遍。所以老師在講話告一段落時向我們問話，一定是問我們聽懂了沒有，我就直覺地用否定句的語法說出「不懂」。

一向和尚敲鐘都沒有反應的學生，第一次有反應了；即使回答「不懂」，也令老師感到欣慰吧。

這個預想不到的反應令老師在黑板上大大地寫了「金美齡是天才」來表現她的喜悅。

一方面台灣人的教師們也在晚上惡補中國語，第二天就原原本本教給學生，有的用台語發音來教漢文，眞是每天現學現賣而忙得團團轉。

新統治者國民黨政府最不喜歡的是台灣人對日本抱有鄉愁。爲此，乃費心用神消除日語。

公眾場所當然禁止使用日語，連台語也不容許。繼收音機之後，六〇年代開始有電視廣播，當然全面禁止日語，而台語節目也嚴加限制。在學校講台語就被罰款，大學開設日語科系是戰後二十數年以後的事。

在語言學習方面，我幸而達到不比人差的水準，中文與英文都可流暢無礙地使用。但千萬不可大意。中文講得好，發音漂亮，就會被外省人說道：「看妳不像台灣人的樣子。」在此順便一提，在台灣，一般稱中國人為外省人，稱台灣人為本省人。他們認為這是讚美的話。就像英國人對我們所講的英語，說：「妳的英語沒有美國腔調。」一樣是表示讚美之意。

眞是無禮、失禮之至！對這種讚美，我都會毫不客氣地用流暢的中國話答道：「我是台灣人，我以身為台灣人為榮。」

貪官污吏的統治者

周英明 Syu Eimei

◆渾水摸魚進來卻賴着不走的中國軍

回顧一下戰後台灣的歷史。

第二次世界大戰的結果，日本敗北，替代日本統治而來的是蔣介石所率領的中國國民黨。

昭和二十年（一九四五）十月二十五日，第十九任台灣總督安藤利吉大將簽署「移交台灣」文書，並於台北舉行日軍繳出武器的投降典禮。這一天被稱爲「光復節」，迄今仍爲台灣的國定假日。

蔣介石基於一九四三年的開羅宣言，設置「台灣省行政長官公署」與「台灣警備總司令部」，任命陳儀爲此二機構的長官。

日本確因戰敗而放棄台灣的統治，但不能因此就把台灣轉交給中國。那麼後來爲什麼中國儼然以台灣的主人而繼續統治呢？他是如何「操控」得逞的呢？

那是因爲聯軍遠東最高司令官麥克阿瑟鑒於日軍投降之後，台灣變成眞空狀態，遂命令中國的蔣介石來「委託管理」。這就是所謂的「託管」，但台灣的法定地位迄今仍未確定。

依照國際法，殖民地必依宗主國於戰後締結「領土主權歸屬某國」的和平條約才能明確其歸屬。

日本於一九五一年簽訂舊金山和平條約，條文中言明「日本放棄對台灣之主權」，但放棄之後由誰來繼承，仍屬空白。

據說這背後有美國的意圖，但不管怎樣，在終戰的混亂中，中國的軍隊乘機而入，賴着不走，直到現在。

◆挑鍋背傘的邋遢中國兵使人希望幻滅

我在踏上台灣第一步的基隆嚐到最美味的魚丸湯的同時，也目睹了畢生難忘的景象。

港口倉庫一帶，我看到了把槍像扁擔似地荷在肩上，懶懶散散地走來走去的軍人。那就是中國兵！

一向看慣日本兵—紮得緊緊的綁腿，挺胸背槍；無論放下槍或轉身的動作，每個士兵都乾脆俐落、絲毫不差地保持節奏—之嚴整英姿的我，第一次看到這樣的中國兵，驚訝得叫不出聲來。

其實那時旅居日本的台灣人之間，即已對中國抱有幻想和期待。

「我們的祖國—中國，歷經八年的苦戰，終以頑強而精銳的軍隊擊敗了號稱世界無敵的日本皇軍。而且中國有四、五千年的悠久歷史與文化，更有大於日本幾十倍的廣大國土。」

旅日台灣人的聚會必定有人上台演說，高唱祖國什麼都好，我幾乎都聽膩了。

隨着「我們是戰勝國民」的意識之高漲，對中國的意象更膨脹成無上的美、壯與偉大。這就是所謂的自我想像。

「那是什麼？不是軍人啦。我們祖國的軍隊絕不是這個樣子。那一定是在港灣做工的苦力啦。」

不過，我們的幻想在一瞬之間幻滅了。移動中的中國兵在槍與扁擔的兩頭掛着鍋或日常雜貨，形態幾近流浪者，極其破陋。這令我懷念起在移動中背着行囊、紀律嚴謹的日本軍隊之雄姿。對中國軍的幻滅，不久便在我心裡轉化成激烈的憎惡。

◆無賴漢變成權力者

長谷川伸的名著《永留心中的母親》，如一般人記憶中的母親都是美麗、親切、溫暖的。可是那不合乎常理近乎荒唐的「記憶中的母親」竟從中國大陸蜂擁而來。

近年來中國人在日本的犯罪率不斷增加，幸虧有日本的警視廳與警局在取締，把他們逮捕起來，使得日本國民可以高枕無憂。

但戰後的台灣呈現出相反的現象，這是悲劇的開始。

沒有守法觀念、沒有衛生觀念、沒有教養、文化水準最低的中國人全盤掌握了警察、軍隊、政府機關的權力，他們開始爲所欲爲，叫人不堪忍受。換言之，就像在新宿歌舞伎町爲非做歹的地痞流氓，突然凌駕在認眞、勤奮、品行端正的人們頭上一樣。而這時台灣的人口比例是，中國人約佔五％，台灣人佔九十五％。

在日本統治下，台灣的製糖會社（糖廠）屬日本人經營，專賣局則屬台灣總督府管轄。台灣屬於亞熱帶氣候，所以稻米在北部有兩收，在南部有三收，年年豐收。

這些一級品的砂糖與稻米堆滿於倉庫。在接收「日產」的堂皇名義下，用軍用卡車一車車地搬運出來，從港口運往中國大陸。這並不是政府的命令，而是上層的軍人與公務人員爲了賺錢而擅自盜取的。

結果糧食見底，從來不知飢饉的台灣，竟因稻米不足而經濟吃緊。只因無賴漢成了權力者，把台灣變成目無法紀之地，極度的通貨膨脹直逼台灣人的生活。

對於長年以來在日本統治之下培養出守法精神的台灣人而言，正是受難的開始。

要是一個星期不在家的話，就要覺悟房子會丟失。因爲家中無人，便有素昧平生的中國兵住進來，像立樁般動也不動。沒法子，去報警，但警察是他們同夥人，不聞也不問。

我家住在高雄，是個港口城市現在貨櫃的吞吐量居世界前五名，當時港口的倉庫，供個人貿易商使用，常堆滿砂糖、香蕉、鳳梨等輸出品。

突然，有一天警察拔出手槍命令：「把物品全部搬到外面！」只見貿易商驚慌地說：「不，這是我的東西。」警察就說：「不，這些不都是日本人的財產嗎？你有私藏日人財產的嫌疑。」說着就強行把人帶到警察局關起來，隨便給人扣上「私藏日本人留下之資產」的罪名。

而且還說：「你是富翁，叫你家人拿錢來，就可以釋放你。」眞是無法無天！就因爲這樣，台灣人對中國人的不信任與憎惡遂愈趨高漲。

◆〝離散家族〞重聚於高雄

對中國的一連串失望與灰心之下，我們一家人承蒙台灣人最大的恩義而得救。

回台灣之際，依規定每人只能從日本帶日幣一千圓出來。一下子都用光了。我們一家人，包括我在內五個兄妹們都不知該何去何從？

這時候對我們伸出援手的是，幾個姊夫家的親戚。

「沒地方去的話，就來我們家住吧，直到找着工作爲止。」

大家溫暖地接納了我們這群小弟妹。父親一個人四處找工作，而我們小孩子雖分散各處，但免受飢寒而平安度日。我被寄養於二姊家，展開了在台南鄉下的小學生活。

一九四六年秋，父親幸運地在台灣第二都市、人口約二十萬人的高雄，找到台灣國營鐵路的技師工作，而且還有鐵路局配屬的員工宿舍。

終戰時，在台灣的鐵路或工廠中，除了志願歸國者之外，大部分猶豫着是否要回去混亂的日本的日本技師，都被慰留下來工作。可是，戰後的台灣仍甚缺乏技術人員，父親正好塡補了那空缺。

憑過去鍛鍊出來的技術謀到與日本同樣職業的父親，遂讓分散各處的母親與五個孩子再度重聚於高雄的鐵路員工宿舍。

作文寫出眞心話而排斥

金美齡
Kin Birei

◆戰後迄今，中國的本質未變

戰後第一次看到的中國兵是穿着破軍服、背着鍋鼎、穿着草鞋，一副殘敗的模樣。前此台灣人所看慣的是，隨時都穿着漂亮皮製的長統靴的日本兵，相形之下，其落差眞叫人跌破眼鏡。

好心眼的台灣人還極力做善意的解釋：「那是因爲長達八年的抗日戰爭，實已疲憊至極了。」話雖這麼說，國民黨軍的軍紀與知識水準實在低得嚇人。

台灣有一則著名的笑話——

中國兵看到打開水龍頭就流出清潔的飲用水而大爲驚訝，心想「竟有這麼方便的東西」，於是就跑到五金行買了水龍頭，把它插進樹榦或牆壁，可是轉開水龍頭也流不出一滴水來。他認爲老闆把不良品賣他，就到五金行大吵大鬧，再換了一個新的水龍頭，插進去，還是沒有水。……

這不是笑話，而是事實，這才可怕。這樣的實情令台灣人愕然。若說昧於文明的利器，那還無所謂；然而這個集團是既漠視法理與規範，只會耍權力、動刀槍、無惡不作的集團。關於這一點，就跟現在每次總統大選時，對台灣文攻武嚇的中國大陸很類似，只令人啞然。

◆對自由、平等的敏銳反應

我讀中學的時候，班上同學絕大多數還是台灣人。班上第一個外省同學是台灣電力公司總經理的女兒。身高和我差不多，嬌小可愛的她坐在我旁邊。這個安排有老師的用意──「妳要多照顧她」。她母親也擔心女兒，說了聲「拜託妳了」，就回去了。

對於不習慣新環境的插班生，「啊，新來的同學，值得同情。」我要盡力幫助她，從小我就有這種大姊氣質。

於是我和她成了好朋友。她努力用功，後來畢業於台大外文系。過了一段時節，我去美國看她。她的丈夫是布朗大學（羅德島洛維敦市常春藤聯盟八所大學之一）的教授。

「妳從以前就不受拘泥，有着自由的思考能力。那時，我是班上唯一的外省人，可是妳從不歧視我，甚至還跟我交往甚密。」她欣喜地回憶往事說道。

包括我在內的大多數台灣人，當外省人是少數派的時候，不但不會歧視他們，反而想到：「來到人地生疏的地方，問津無門，一定很不安吧。」自然而會多加保護。但是，很多外省人卻很快就露出猙獰面目，以野蠻的統治者的姿態騎在台灣人的頭上。

這是我無法容忍的。當時我還不知道這種想法是與人權、自由、平等有相關的。或許我只是天生對人權、自由、平等以及做人的道理種種具有特別敏銳的感性也說不定。

◆乞食趕廟公，忍無可忍

僅回答一句「ㄅㄨˋ ㄌㄨˇㄥ」就被稱為天才的時期並不長久。兎子的我，畢竟比不過踏踏實實認眞用功的烏龜。不努力用功的我，漸漸被人趕過去了。

戰後過了兩三年，入學的中國人愈來愈多。考試科目必考國文、數學、英文。「國文」就是中國語文，台灣人也與中國人同樣考題，毫無優待。好不容易才懂得隻言片語的台灣人，與以中國話為母語的中國人同樣試題，當然還沒考就知道結果了。

從初中部考高中部時，很多中國人榜上有名，而考上的台灣人僅剩兩、三成左右。我對這種不公平的考試相當不滿。

有一天，國文老師出了「如何促進本省人（台灣人）與外省人（中國人）之融洽關係」的作文題目。這時，我忍不住就把平素的滿腹牢騷傾吐出來。

「本校是由台灣人納稅所建的學校，但爲什麼沿用對台灣人非常不利的考試制度？眞的應驗了那句諺語「乞食趕廟公」。所以外省人若不反省改進，則本省人與外省人之關係恐無法改善吧。」我把眞心話寫成作文交了出去。

「忍人之所不能忍，是謂大忍。」倘能如此，當然就能廻避以後的辛酸，可是對於眞情率性的我，那是無理的要求。

通常作文簿發還的時候，大家都會拿來傳閱。老師當然刻意算計好了，故意把我的作文簿放在最上面。

傳閱了我的作文的中國人同學，當然不會有好臉色。就從這一天開始，逆風向我吹來，外省人開始對我採取孤立與分離。其他的台灣人同學也怕惹起中國人同學的反感，而不敢站在我這方。這便如時下所謂的「凌辱」（いじめ）。

評判日常行爲的「操行」科目，即是修身的實踐論；從前日本也有這一科，現在的台灣也有。操行的成績通常都與其他教育科目一樣，由教師打分數。但不知何故，我的級任導師卻一個個叫名字，讓全班學生來評分。因此，班上最受排擠的我，操行成績老是最低。

眞是辛酸的日子，但我旣不逃學，也不中途輟學。只是討厭學校的心理成爲我後來拒考大學的遠因。

當時人數不多的台灣人同學如今才跟我道歉說：「妳從小就有勇氣，敢講出那種話，眞了不起！我們都怕得不敢講什麼。」

「說來很慚愧，我只在旁邊膽顫心驚地看着，也不敢爲妳講話。」

時光已過半世紀，好不容易吐露眞心話的時代才降臨。

第二章
惡夢的開始—二二八事件

勸善懲惡的道理行不通

周英明
Syu Eimei

◆取締私菸是導火線

中國海軍從香港等地走私外國香菸進台灣，經由大盤商批發給台灣人。台灣人在街角賣私菸的光景是很常見的。

國民黨政府對於賣私菸的路攤子非常緊張。最大理由是私菸搶走了由中國人掌控的公賣局的生意。

其次是暗盤交易。當中國人混進台灣之後，這種中國惡習就滲透於台灣社會。即所謂的「紅包」。

在取締私菸的堂皇名義下，警察只要一要脅「到警察局來」，私菸販子就會塞些錢給警察，反正「心照不宣」，警察閉上眼睛就可賺外快，自然惡習就橫行起來了。

一九四七年二月二十七日黃昏，六個取締官全副武裝，來到台北最熱鬧的大稻埕巡邏。平時都有人在站哨，一有取締的消息，即刻通知所有私菸販子躲藏起來，等到取締官過去之後再出來。但這時一位靠賣私菸維持生活的寡婦林江邁（四十歲）卻慢了一步而被逮住。

寡婦跪在地上求饒道：「我家中有小孩，生活困苦，請放過我吧。」但取締官不聽，沒收了私菸，而且要把她拉到吉普車上。寡婦使盡全身力氣纏住不走。於是取締官就用手槍的槍柄敲她，頭上流出血來。

事情到此地步，從頭到尾都看在眼裏的群衆剛開始時只叫着「原諒她吧」，後來就變成「揍他」，便圍毆取締官。取締官見寡不敵衆，感到自身的危險，便向群衆開槍，射傷了民衆，引起騷動。

民衆怒不可遏，次日二十八日早上，愈聚愈多的群衆蜂擁到公賣局廣場要求道：「處罰開槍傷人的警察！」公賣局不但不勸說群衆，反而讓二樓陽台上的警備兵向廣場的群衆開機槍掃射，打死了數人。

這一下如同枯草點火，怒火從台北沿着台灣鐵路南下，延燒到新竹、台中、彰化、嘉義、台南、高雄等地。台灣人壓抑於心中的不滿終於爆發了。

◆正義在我方，懲罰壓搾我們的惡霸！

那時，我正好就讀高雄中學一年級。早上上學至校門口，便有高年級的學生站在校門告訴我們：「你們不要進教室，去大禮堂集合！」我至感疑惑，到大禮堂等了一會兒，便有十幾個打綁腿、穿軍鞋、持步槍的高年級學生面容緊張地衝進來。

「前日在台北發生了某某事。正義百分之百站在我方。那批國民黨政府欺壓我們，掠奪我們，把我們逼到山窮水盡的困境。無惡不做的惡霸，非懲罰他們不可。把他們趕走！」一個高年級的學生在台上激昂地演說，呼籲大家爲革命而奮起。

並排於講壇上的臉都是熟悉的高年級學生，就讀高中二年級的哥哥也在其中。我大吃一驚，幾乎站立不穩。

而且講壇的地板上不知什麼時候已準備好了步槍。編隊之後，把步槍分配給各小隊，並下令道：「現在起要守衛學校。○○中隊由××當指揮官，守衛後門！」「△△守衛前門！」從正門到後門都派人固守。我也迷迷糊糊地被編入小隊。

國民黨軍沒有反應，平靜地過了兩天。那天早晨上學途中，正經過高雄車站的廣場時，從剪票口那邊傳來「哇——」的叫聲。

回頭一看，一個胖嘟嘟的乘客一看就是典型的貪官污吏的臉，提着一只大皮箱在奔逃；而一群揮着竹刀與球棍的台灣人在後追趕。

因中國人在台北有危險，所以把貪污得來的全部財產攜帶到還未捲入險地的南部來。「打開皮箱！」被迫不得已打開的大皮箱，裏面塞滿了鈔票。有人下令道：「誰都不可以動手！」為了不給任何人搶奪的機會，便點火燒了鈔票。

周圍的人群靜靜地看着。有人覺得很可惜，於是大叫道：「沒有乞丐嗎？可分點給他呀——」但沒有人願意伸手。這是民衆積了又積的憤懣終告爆發的事件。

最近電視常播放世界各地發生的暴動，可看到暴民砸破商店的鐵扉或玻璃橱而大肆掠奪的景像；但此刻面對全新大把鈔票，卻沒有一個人伸手去碰的光景，連同熊熊的火焰鮮烈地烙印在我心版上。

◆陳儀卑劣暗求援軍

這次席捲台灣全島的二二八事件，由於台灣統治者陳儀長官的中國式策謀而使情勢急轉直下。

自三月二日至五日止，由民間士紳及民意領袖組成的「二二八事件處理委員會」在台灣各地開會，提出台灣省政治改革的要求。陳儀長官作態表示接受這些要求，使人覺得事態將會鎮定下來。

不料，翌六日，在高雄市的軍方司令官竟殺害了高雄處理委員會代表，並派軍隊開槍射殺在市公政府開會的人，釀成多數傷亡的慘劇。對此，事件處理委員會提出四十二條改革要求，但陳儀長官置之不理。

其實，陳儀長官一開始就無意接受台灣人的要求。當事件發生的同時，他就向南京請求增派部隊鎮壓，部隊未到的一個星期內，只在「拖延時間」而已。

三月八日，援軍登陸基隆港與高雄港，展開台灣全土的大屠殺，其慘狀眞是筆墨難以形容。

尤其在基隆，路上行人也不分青紅皀白就被射殺；甚至有的被抓來，用鐵線把手綑綁於後，幾個人被串在一起拋進海中，可謂慘絕人寰。

台灣人也開始抵抗了。在高雄的我家附近也展開了市街戰。陸橋下有鐵路通過，台灣人民兵由鐵路匍匐前進而聚集。另一隊台灣人躲在鐵路局宿舍後面，槍口對準陸橋，等待中國軍隊伍通過。果如事先獲得的情報，等待的軍隊正要通過陸橋時，埋伏的台灣人一齊開火，雙方展開巷戰。

其後，台灣人不斷地抵抗，但重新整編的中國軍力相當強大。逃往日治時代就已成要塞的半屏山的中國軍，爲了奪回被台灣人佔領的警察局與市公所而攻下山來。台灣人的抵抗也至此告終。

◆生死關頭，家兄奇蹟生還

高雄中學也被中國軍包圍了。

「暫時不去中學那邊爲妙。從中國來了援軍，而且要塞的部隊也下山來了。你不要去了。」鐵路局宿舍的鄰居們竭力勸止，但哥哥說：「已跟朋友宣誓了，不去不行。」打上綁腿，便消失於往中學的方向了。

那天果眞如大人們的忠告，高雄中學完全被中國兵包圍。巷戰的結果，敵我雙方皆有傷亡，雄中校舍落入中國軍的手中。

「高雄中學校園全染鮮血，屍體堆積如山。」謠言不斷傳來，一天天等待着，哥哥終不見歸來。

想要打聽眞相，但街上站滿中國兵，處處被盤問，很難走近學校。「眞的已死了嗎？」母親日夜哭泣。

大約過了一星期的某天，一個頭戴農夫斗笠、身穿縫補的勞動服的人站在玄關。從未見過的人，但從斗笠下窺視一眼，全家人都驚跳起來，是變裝後的哥哥。

事情的原委是這樣的：被中國軍追趕到最後剩下哥哥等幾人，指揮官說：「你們勇戰到這個地步也夠了。再拖下去很危險。你們很熟悉學校的地理環境，趕快逃出去吧。保重生命，後會有期。」於是，解下綁腿，丟下步槍，從圍牆破洞中潛逃出去。

那一帶是小巷迂迴宛如迷宮的地方。哥哥迂迴穿梭於小巷而急欲返家，突然，有一家人打開門就把他拉進去。

那位拉住哥哥的人憂心道：「學生哥仔，這身打扮，在路上會被殺的。」就把哥哥藏在自己家裏一個星期。確實那身裝扮，雖不打綁腿，但任誰一看都知道是高中生。於是等到事態稍稍平靜，那人家弄來不惹人注意的農民服裝，於是哥哥得以變裝出來，終得生還。

已經絕望一半的哥哥有幸生還，家人高興極了。

幾天之後，轄區的警察與持槍上刺刀的士兵數人，挨家挨戶地搜索到鐵路局宿舍。因爲襲擊陸橋上的中國軍之事件舞台就在鐵路局宿舍附近，所以嫌疑特重。

他們穿着鞋子就冒然踏進榻榻米房間，來到衣櫥前面，挺起刺刀對準裏面，猛然把紙門踢開，好像捉虱子般地東翻西找，可謂粗暴至極。所幸哥哥沒被懷疑，逃過大難。

▲孩童時全家合影，父金麗水、母曾金葉，金美齡(中)，妹金滿里(右一)。

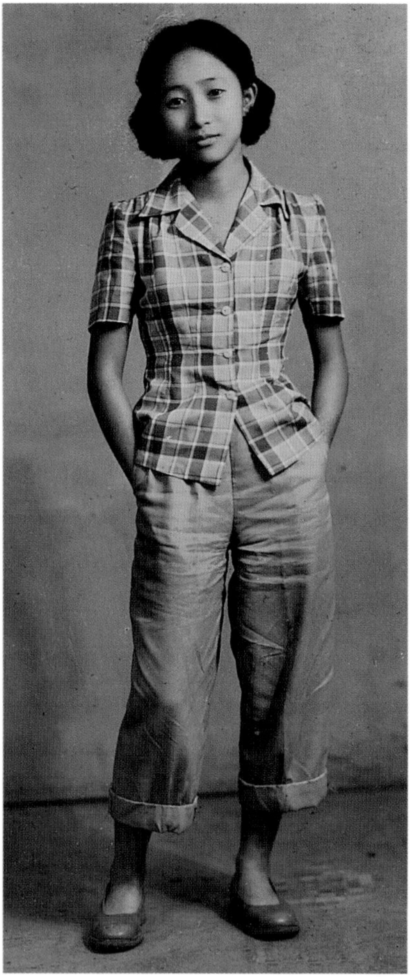

▲高中期間，穿著比一般學生新穎時髦。

◀1957～9任職台北國際學舍總幹事秘書。

▲1958年由金美齡企劃主辦的安田延之歡送會(台北國際學舍)。

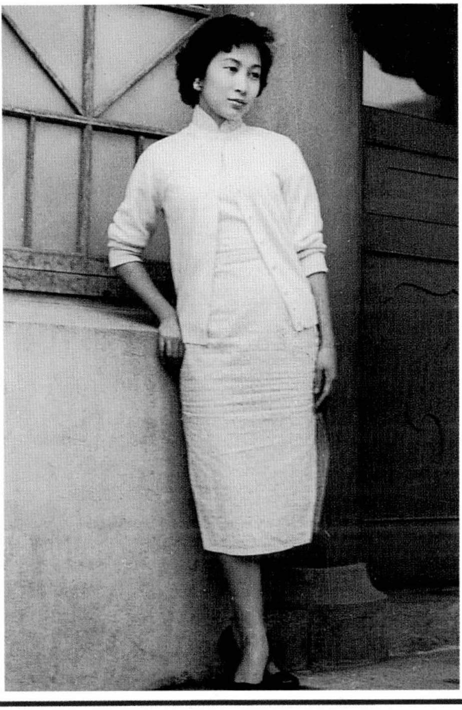

◀1959年留學日本前，友人特予攝影留念。

▲留學日本前夕。

◀1959年初抵日本，至國際商展中心當口譯員，適逢昭和天皇來參觀。

◀向德國記者說明參展的商品。

▲1960年夏天(暑假)，金美齡(左)參加留學生回國訪問團與父親金麗水在總統府前。

▲1960年代，在東京參與反對國民黨政權的示威活動，沿路分發傳單。

▲1962～3年就讀大學期間，攝於日本的避暑勝地輕井澤。

▲已為人母，看起來像個大學生(就讀研究所期間)。

▲1975年任劍橋大學客座研究員。

◀1976年與前台獨聯盟主席張燦鍙於德國海德堡留影。

▲1964年3月3日，周英明與金美齡步上地毯的另一端。

▲台獨聯盟英語記者會，左起王育德、金美齡(翻譯)、辜寬敏(委員長)、吳枝鐘。

▲1992年立委改選，與李應元替盧修一站台。

▲陳水扁任台北市長期間訪日，在台灣同鄉會演講，金美齡現場同步傳譯。

▲金美齡、周英明拜訪前總統李登輝伉儷。

▲首次穿著和服的金美齡和周英明教授出席後輩的婚宴。

▲與女兒（周麻那）參加世台會（在日本富士山邊）。

▲1995年金美齡受邀參加「朝日電視台」的〝新年大集合〞節目。

▲1996年台灣總統大選後，97年夏天金美齡特別到停泊在橫須賀港的「獨立號」向艦長獻花致意。

▲熱情而堅定的台獨運動者們。

▲2000年11月末，邀請青商會幹部及出版社同仁，站立者為小林善紀。

▲2001年3月18日台灣人世界大會盛況。

▲金美齡在日本名人和服展示會中的風采。

肅清高級知識份子的最好機會

金美齡 Kin Birei

◆無法彌補的對立情緒

統治台灣的陳儀長官於終戰的十月，以國民黨軍的台灣駐軍代表身分來到台灣。「親愛的同胞們！你們終於回到祖國溫暖的懷抱了。」這樣的呼喚，使大部分的台灣人滿腔熱血，而浸淫於回歸祖國的喜氣中。

市民們揮舞小旗而迎接進來的中國兵，背着黑雨傘、提着鐵鍋、面無表情。當他們看到竟有傻瓜市民在歡迎，中國士兵大概也嚇呆了吧。看到士兵就會聯想到強姦與掠奪，遂把女人或金品藏匿起來，是中國大陸的一般認知。這個流氓集團與紀律嚴整的日本軍相比，眞有天壤之別。

不久，台灣人才知道「國軍」的精兵是最潛在的危險，而陷入失望與落魄的深淵之中。接着二二八事件發生。結果造成台灣人死亡人數正式發表約二萬八千人的大屠殺事件。依當時的比率，台灣國民二百人就有一人犧牲。

對國民黨政府而言，這次波及台灣全島的騷亂，正是捕殺接受日語教育——正確地說，就是半世紀以來紮根於台灣的好傳統的日本教育——的反體制的領導階級，亦即捕殺身具最高教育與教養的知識份子的〝最好機會〞。

南斯拉夫的波士尼亞國假借「種族淨化」之名而大肆屠殺的結果，造成數千萬人的死亡與難民。二二八事件可謂同一模式。以後，台灣的民主化運動之興起，是我們成人之後的事，所以那創傷的痊癒多多少少也花了二、三十年的歲月。

而且，此事件造成了外省人與本省人的對立情緒，是永難彌補的決定性因素。位於總統府斜對面的我就讀的台北第一高等女校長期停課，大街也不能走。市民生活停頓，這就是戒嚴令之下的情況。

就連去郊外住家後面的牧場買牛奶，也不得不繞好遠的路。「朋友的兄弟或父親根本與事件無關，但也被帶走而下落不明。」這種話像家常便飯似地傳進耳裏，實屬異常狀態。

瞬間凍結的道德、勇氣、正義感

周英明 Syu Eimei

◆慘不忍睹的公開處決

中國兵搜索家宅的數日後，高雄中學才開始上課了。我早上出門，來到車站廣場的時候，看到人山人海。「看什麼呢？」從人群隙縫間探看裏面情形的我，嚇得臉上發青。

原來一場公開處決剛剛結束。三個屍體橫躺在地上，其中一位是畢業於高雄中學的學長顏再策。

可能他從高雄中學應考台灣大學，因沒考上而留在高雄的吧。

事件發生時，顏再策爲了解救被關在牢裏的政治犯，遂參加了襲擊高雄監獄的少數部隊分子之一。實際上，他佔據了高雄監獄，成功地解放了政治犯。對國民黨而言，他是令國民黨丟盡面子的不可原諒之輩。

根據從頭看到尾的人所描述：三人被卡車載到車站廣場，雙手被綑於背後，雙腳也被綑綁起來，完全動彈不得的狀態。然後從卡車上被踢落於柏油路面上。中國式的槍斃，沒有任何儀式。軍官走上前，以近距離開槍。背上的繩索間插了一條木板，上面寫着「叛亂分子・顏再策」。中了幾槍就變成這種慘狀。這是在衆人環視下所做的殺人示儆。

不禁令人懷疑，一個人的人體內竟然有這麼多血。大量的血沿着傾斜的柏油路面而擴散，實叫我無法再看下去。

我雖只是雄中一年級的學生，體內也有少年特有的熱血。「見義不爲非勇也」——我絕不中他們的圈套，什麼殺一儆百？再恐怖也不要逃開，絕不做卑怯的行爲。當時我就有這種想法。

然而，目睹這般慘劇的瞬間，我體內原有的道德心、勇氣、正義感都一下子凍結了。那時我在心中發誓：「有生之年，不再講政府或中國人的壞話，不再關心政治。」事實上，從此以後，進了高中，以考台灣大學爲目標，全心全力埋頭讀書，逃避一切與政治有關的事。

◆因緣的幾何學參考書

二二八事件之後，時光過了五年，我依然埋首苦讀，摘掉了內心關注政治的嫩芽。

有一天，走在車站前的通學路上，路邊有人鋪着草蓆而賣着日用品。當中也有賣舊書的。「有些什麼書呢？」一看都是舊日文書籍。其中有一本紅色書皮的『チャート式幾何學』。將來要報考理科系的我，自然而然就拿來看看。從頭大致翻翻，翻到封底裏頁的時候，我像被雷擊似地受到衝擊。在那最後的扉頁上，用工整的筆跡寫着「顏再策」的名字。「啊，他為了考大學，也曾有過拚命用功的青春呢。」不禁掉下眼淚。

不意看到顏兄被處決的屍體，竟然又與他沾滿青春時代之汗脂的升學參考書相逢，這是何等的緣份呀！我把那本書買下來，努力用功，完成了他進升大學未竟之夢。

大概在他死後，過了一陣子，心情稍為平靜之後的雙親想到「反正兒子已經不在了」，就把升學參考書論斤賣掉也說不定。那種斷腸心情，令人悲從中來。

被踐踏的守法精神

金美齡 Kin Birei

◆台大文學院長林茂生的遺恨

若說想打倒國民黨政府而有所行動的人受到處罰，雖然有理說不清，但還可理解。可是當時台灣大學文學院長林茂生事件，就毫無辯解的餘地。

林教授在美國哥倫比亞大學取得博士學位，是台灣人的第一位文學博士。除了研究文學之外，一概未曾參與政治性活動，當然也無涉於二二八事件。

這樣的人，有一天警察也傳喚了他。

「我沒有犯罪。對天地神明發誓，我什麼都沒做，所以你們儘可放心。」對家人說了之後，林教授就去報到了，詎料一去就無回。

「遵守法律」「只要自己不犯法，即使被懷疑也可證實無辜」——五十年的日本統治時代，台灣人被灌輸了這種守法精神。當然具有美國生活經驗的菁英分子的博士，更強烈確信如此吧。

中國人一向沒有守法精神。那是「莫須有」「不知會發生什麼事」的世界。「因爲你犯了這樣的罪，所以非受懲罰不可」的理論，一開始就不存在的。只因「你礙事，我就殺你」的世界，是無情無義的無法紀之地，吾人不可或忘。

如今看來，林博士被殺是有充分理由的。因爲他具有台灣頂尖優秀的頭腦。可見國民黨政府多怕台灣的知識分子。

◆「自投羅網的傻瓜」

被國民黨政府謀殺的林茂生，其長男林宗義先生後來成了專研公共衛生的醫師，也當過國際公共衛生學會的會長。或因父親遭受無辜之死，兒子的台灣人意識相當強。周圍的人擔心他會與父親同樣遭受無妄之災，遂由海外的友人把他聘請到ＷＨＯ（世界衛生組織）任職。等於是變相的逃亡。

活躍於國際的林宗義先生於二十年前來訪東京大學，並在留學生會上演講。

那時有一位東大留學生，後來也成了學者的客家人（從中國的華北南下移住於以廣東省爲中心的東南部的漢族子孫。不同於其他漢族或少數民族，使用獨特的方言），也參加了演講會。此人具有非常歪曲彆扭的想法，在我們圈子裏也有發言的分量。他特地提起演講人的父親林茂生的事情，說：

「我有個中國朋友，日後跟我說道：『那時林茂生爲什麼那麼老實去自投羅網呢？要是我們中國人的話，在此情況下，必先躲藏起來。只要暫時避難，等颱風一過就沒事了。因爲台灣人無知，才會做出自己跳入虎口的蠢事。』這樣的話。」

何等不同的精神層次呀？

我聽得忍受不住，終於滔滔不絕地怒叱道：

「你到底想說什麼？你的意思簡直就是說守法的人是傻瓜，中國人的骯髒手段才是聰明而且正確的。規規矩矩的人被騙而喪生，難道卑劣的中國式手段就對嗎？」

有意見當面講，這是我一貫的作風。

對長年以來父親之遺恨而心懷深傷的兒子而言，他的發言豈不是拿鹽巴擦人家的舊傷口？每當想起那時情景，我不禁心痛。從那時以後，我就與他——故戴國煇——絕交。他雖然是留日的前輩，但我實在找不出任何理由與他來往。

狠毒手法是四千年的修練

周英明
Syu Eimei

◆對否定個人的中華極權主義的反感

守法的人與不守法的人吵架的話，不守法的人會贏。吵架也有吵架的規則，但那規則完全被對方漠視了。正如講好要拳擊賽，卻突然用腳踢來。

中國人的狠毒手法，是經過四千年修練得來的。日本人或台灣人，就像嬰兒的手被扭一般，根本不是中國人的對手。

上述二二八事件殃及無辜百姓，造成多數的犧牲者，但事情並非就此終了。後來，蔣介石的國民黨政府爲了檢舉中國共產黨支持者或共產主義者，藉此堂皇名義而大行肅清異己，即所謂「白色恐怖」（共產主義者肅清反共產主義者或反體制主義者，謂之「紅色恐怖」；反之稱爲「白色恐怖」）。此一風暴以一九四九年至五二年的三年間爲最高峰，狂掃全台灣。

蔣介石就任中華民國總統的翌年，發佈戒嚴令，其後延長了三十八年，成爲史上罕見的長期戒嚴令；更由於國共內戰而敗北的蔣介石逃至台灣，致使台灣的人權與自由皆消聲匿跡。

蔣介石以台北爲中華民國的臨時首都，以台灣爲反攻大陸的基地，爲了奪回大陸的政權，因此徹底取締反體制的人士。

包括我所讀的初中、高中在內，所有的學校每星期一早上，一定在禮堂舉行週會。先向孫文遺像行三鞠躬禮，再向後面的蔣介石肖像行三鞠躬禮，合計六個禮。記得戰前向「奉安殿的御眞影」（天皇肖像）敬禮也不過一禮而已……。

還有，禮堂的正面右側掛着「生命之意義在繼承宇宙繼起之生命」，左側掛着「生活之目的在增進人類全體之生活」的一句對聯。

這是教育我們說：人的生命做爲宇宙生命連鎖的一環，其意義在於接續祖先與子孫。這裡完全沒有個人生命之尊嚴的想法；個人只不過是特定遺傳子的寄生體而已。「我是專門傳種的公馬嗎？開玩笑！」心中不禁湧起反感。

這種中華思想認爲個人生活的存在意義與價值，純屬極權主義的想法。

「你們的生命比起中國四億五千萬人口（當時人口）可說微不足道。」

「你們的人生比起中國五千年的歷史，只是一瞬而已。」教師的這番話，眞叫我不寒而慄。

二二八事件以後，我什麼都不去想，只一味地發奮讀書，但慢慢地覺得在這中華極權主義束縛個人價值的世界，我若是不逃出中華重力圈的話，就沒有屬於自己的人生。但脫逃的路程絕非平坦。

◆控制不住滿腔憤怒的恐懼感

我從高雄中學的高中部到台灣大學二年級的這段期間，正是白色恐怖的時代。言論控制極爲苛烈。我離開高雄的家到台北，住進大學附近的學生宿舍。若有人講話稍不留意，就會神不知鬼不覺地從學生宿舍消失不見。

有一天突然被帶走，不經調查也沒審判，過一陣子，流經台北市的淡水河邊就會有人發現被槍斃的屍體。這樣的事，一點也不稀奇。

理工科的繁重功課可以排遣我經常被盯哨的恐懼感，但所見所聞都是令人氣憤的事情，加上年輕氣盛，實難以忍受。

和我同樣心情的友人對我說：「我們年輕人不該爲台灣幹點事嗎？」每聽到這種勸誘，內心的自我壓抑就不斷地襲來：眞不知如何拒絕？萬一無法壓抑自己的話怎麼辦？

不久大學畢業了，一九五六年服兵役，爲期一年半。

▲擔任大學助教期間，一心苦讀，只想逃出台灣。

我被分發至南部靠近高雄的基地，炎天下，每天都在操練。「立正！」「向右轉！」「起步走！」「匍匐前進！」「衝鋒！」這到底搞什麼名堂？

為了以蔣介石為首的一家族之利益，接受辛苦的軍事訓練，帶到中國大陸去打毛澤東，那就是我們的使命？

把毫不相關的台灣人捲入戰爭，置於死地，在分不清右邊或左邊的大陸，跟無恩也無仇的共產黨士兵打仗。

眞是豈有此理！我還想去世界最美好的國家，接觸最高水準的文化呢！

隨着汗水如流，四年來在台大所學的知識也全部付諸東流，眞是豈有此理！正值努力吸收知識的寶貴時期，卻在此消磨……。

穿上空軍少尉的軍服，表面上裝傻，其實滿腹憤懣。而且戴上軍帽一上街，孩子們就指指點點地叫「啊，ㄉㄧㄥㄍㄜㄅㄧㄢㄚ——」。ㄉㄧㄥㄍㄜㄅㄧㄢ指的是中國兵，語尾加ㄚ——表示輕蔑的意思。小孩子們當然分辨不出是中國人還是徵兵中的台灣人。被看成鄙俗的中國兵，我有一種難以忍受的屈辱感。

好不容易服完兵役，回台大當了助教。心想：

「不逃出台灣的話，我的人生就完了。」

那膨脹的叛逆心不知何時會爆炸，我再也無法控制自己了。我已到了極限了。

那時日本的文部省正好開設了國費留學生的制度。留學費用全由日本政府負擔，還可領到生活費。只有這條路可走！

我宛如大海中的一根稻草也要抓住啃似的，猛啃書，終於考上了。那是一九六一年春天的事。我終於獲得前往東京大學大學院（研究所）寶貴的國費留學的機票。

因日本青年的協助考入早稻田大學

金美齡 Kin Birei

◆在安眠於金門島的恩人遺像前掉淚

台北第一女中是台灣全國升學率最高的名校，同學們每天在嚴格校規的束縛下埋頭用功，但我把她們拋在腦後，從升學戰爭中撤退。

說〝唯我一人反抗〞是很好聽的，其實是我的性格不適於埋頭努力，而且誤認爲大學與高中是同樣無聊的世界。

爲了活用自己得意的英文，我服務於類似日本的國際文化會館的國際學舍。承蒙館長的提拔，當了館長秘書。

但不久就開始後悔了。前述第一位中國人女生的好友畢業於台大英文系而回母校擔任英文教師時，我就開始考慮道：「人不磨不成材，應該把自己的才能加以磨練才行。」

然而現在才要進補習班參加升學競爭，眞夠辛苦。若想從鎖國狀態的台灣出國留學，必須專校以上的學歷才有留學考試的資格。

一位相識的美國人教授告訴我：「像妳這樣擅長語學的人，眞想聘妳當助教，可是美國的大學規定助教必須畢業於四年制大學。」

「沒有讓我重新讀書的路子嗎？」當我正在絞盡腦汁的時候，認識了住宿於國際學舍的三位日本留學生。

這三位日本人對我伸出了救援之手。一個說他父親是公司社長，可設法由公司發聘書給我；另一個說他可介紹我去他的母校早稻田大學；第三個說他可幫忙辦理在日本的手續。

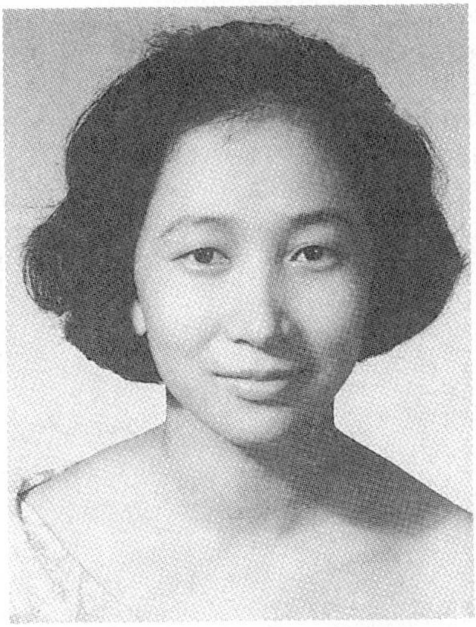

▲任國際學舍館長秘書爲英語所苦

三位心地善良的留學生，其中一人名叫安田延之。特記述如下：

安田兄得悉我的日本留學夢，便約束道：「我的雙親在東京經營公司，聘妳去公司就好了。我可以請求雙親發聘書給妳。」

那是難忘的一九五八年夏天的事。

這一年的八月二十三日，中國共產黨軍從對岸砲擊國民黨軍的反攻大陸的軍事基地金門

▲安田延之(左)返日，金美齡(中)等友人至台北松山機場送行。

島，國民黨軍應戰，砲戰持續了兩個月。所謂金門八二三砲戰是也。

國共內戰是否重新揭幕？在全世界注目之下，原本立志當新聞工作者的安田兄接受《讀賣新聞》的委託，做爲當地臨時特派員而前往槍林彈雨的金門島。

安田兄等一行新聞記者從軍艦下來，換乘登陸艇而接近金門島的瞬間，狹窄的艇內擠滿了極欲搶先登陸的新聞記者，突然登陸艇翻覆了。被拋出海中的安田兄與其他五位外國人記者皆成了不歸人。

二十三歲的安田兄擁有良好教養的氣質，是一個和善之人。這消息傳遍全世界，我受衝擊之餘，連續幾天處於失魂落魄的狀態。親切的友誼，不僅突然從我的身邊消失，連留學的希望之燈也告熄滅了。

不久，安田兄的母親為了回報各界人士，特地從東京來訪。這時，這位母親突然跟我說：「兒子跟妳約定的事，讓做父母的我們來兌現吧。」

何等親切週到的用心呀！

在周遭朋友的善意與溫暖的支援之下，我終於在一九五九年春天，成為早稻田大學第一文學部英文學系的留學生。這一年，我是該學部唯一的外國人留學生。

時光流逝四十年之後，我終於來訪安田兄人生終點的金門島。

在陳列金門砲戰史料的「八二三戰史館」入口的正面，我像帕布洛夫的條件反射似的全身僵硬了。那兒掛着蔣介石穿軍裝站在前線督戰的油畫肖像。為了這個人，多少無辜的百姓丟了性命，台灣人的命運因而乖舛。故鄉籠罩在恐怖之中，而我竟不能自由地返回故鄉。痛苦的往日，如走馬燈一幕幕地重現在眼前。

好不容易鎮定下來之後才走進戰史館。館內陳列着許多在島上作戰的將士們的相片及其遺物、表揚戰績的獎狀、從大陸飛來的未發砲彈，及其他作戰資料。在裏面的房間，掛着安田兄等六位殉職的新聞記者的大型相片。每張相片下面都刻有簡介。

安田兄的相片可能是死亡後他的雙親送來的。站在看來比本人消瘦的相片前面，我壓抑不住眼淚。

「我要去金門島哩！」瀟灑上路時的安田兄比這張相片還胖些。

我在心中向他致歉這四十年來未盡情義，久久無法離去。安田兄在世雖僅短短二十三年，但他在這世上的足跡，深深烙在這東望台灣海峽的小島上，又是何等令人感動的事呀！

第三章 被解放的籠中鳥

——在新天地展開獨立運動

竟有人在日本搞獨立運動！

周英明 Syu Eimei

◆想一吻羽田大地的衝動

一九六一年四月，走下羽田機場的我，要沒有人看的話，眞有跪下來一吻大地的那股衝動。

我恰如從籠中被放出來的小鳥。摩西率領希伯萊人，千辛萬苦來到流着乳與蜜的土地時，也是這般地喜悅吧。

有車子來羽田機場接我，載到「東大駒場前」（站名，東京大學校址）。那兒有文部省外圍團體國際教育協會所辦的專供留學生住宿的漂亮學生宿舍。

我每月領取二萬五千日圓的獎學金，相當於當時大學畢業生初任薪水的兩倍。而且學生宿舍的房租非常便宜，學費又免除。眞是照顧週到之至。

周圍都是一些生活窮困的留學生，看到我的好待遇便在背後說我是「留學生貴族」。我彷彿獨佔了世界的幸福。

▲周氏家族歡送周英明（前排右三）赴日留學

抵達日本的次日，爲了準備應急的生活費而需把美金換成日幣，便乘「井頭線」電車到澁谷去。在電車上，我禁不住地笑了出來。

心中反覆地唸着：「終於恢復了我周英明眞正的自我了！再也不必對誰僞裝自己了。統治台灣的國民黨傢伙們，你們睜大眼睛看吧，我已從你們的掌中逃出來，來到自由的國度了。你們絕對抓不住我的！」

這樣不自禁地笑出來的狀況，持續了一個星期左右。周圍的人看來也許覺得很奇怪，但我就是無法抑住自己。好比長期遭受強力擠壓的皮球，要恢復原狀的話，必須一段期間才能恢復。一個人從內心的壓抑解放出來的時候，竟會變成這個樣子，自己也覺得不可思議而感慨不已。

◆徹夜不眠讀《台灣青年》

大約過了一個月左右，心境漸漸平穩下來，隨之而起的是另一種思緒。

「我過去拚命用功，只想成爲學者。現在路子已打開了，前途廣濶無限。但這只是解決了個人的問題而已。

『萬歲，萬歲！』這樣地自我陶醉，有什麼用呢？

父母、兄妹、親戚、同學們現在都還在台灣受苦受難。由蔣介石帶頭的國民黨政府高壓政治，一點也沒有改善，不是嗎？」

內心的吶喊一天天地在我腦裏擴大。

但另一方面，又聽到潑我冷水的細語——

「你講什麼？你忘了十四年前的事嗎？你看到了在高雄車站廣場被公開處決的屍體吧？那時，你不是發誓今生今世再也不管政治了嗎？」

到底該怎麼辦呢？內心掙扎搏鬥，日子一天一天流逝。

有一天，在留學生會館的圖書室裏，無意中看到了一本叫做《台灣青年》的雜誌。這是我來日本之前就已創刊的雜誌。

「台灣？」只要掛名叫台灣，便意味着反體制、獨立的意思，所以在台灣國內「台灣」一詞成爲絕對的禁忌。

「這到底是什麼樣的雜誌？」因爲圖書室裏的雜誌可以自由借閱，所以我就趕緊把它帶回自己的房間，一讀之下，大爲驚訝。

這是一本我從未看過也未摸過的反國民黨的雜誌。連講都不敢講出口的「台灣獨立」或「蔣介石的獨裁體制」這些字眼竟然公開出現。而且細讀之下，始知這似乎是在日本的留學生們編寫的刊物。

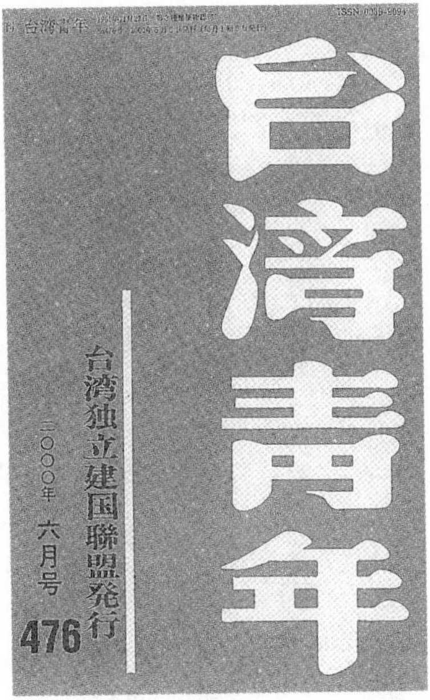

▲《台灣青年》創刊以來，已出版480期，現在的發行人爲孫明海(周英明的筆名)。

跟我完全一樣的條件，一樣地接受教育，一樣地穿越台灣的恐怖時代而達成日本留學，年齡大概也跟我不相上下的留學生，僅僅少數幾個台灣青年，竟然如此勇敢地在戰鬥……。

這一夜，我興奮得無法入眠。突然覺得爲恐懼而逃避的自己多麼渺小、多麼怯懦。

被《台灣青年》的勇氣與智慧所感動

金美齡 Kin Birei

◆「眞了不起！竟有這樣的人」

我來日本剛好屆滿一年的一九六〇年春天，台灣青年社寄來一本創刊號的《台灣青年》雜誌。

這一天我正好與猶太裔的美國人馬克・曼高爾約在飯田橋（地名）見面。以前在台灣我曾在他寫論文幫了一些忙；而他結束台灣留學之後，現在拿獎學金來日本做研究，是將來有望的學者。

我拿着那本雜誌來到事先訂好的美容院。利用燙頭髮的時間閱讀一下，心中大爲吃驚。

首先感到驚訝的是，這本雜誌的水準之高。作者雖不詳，但知道主要成員都是信仰台灣獨立的留學生吧。

其次感到驚訝的是，竟然有這麼勇敢的人，坦言批評大家所恐懼的台灣政治與社會的問題。

我非常興奮。

在飯田橋會面後坐上計程車，計程車一開動，馬克開口就說：「妳知道《台灣青年》這本雜誌嗎？」

這不是命中註定的開始嗎？

「今天剛剛收到。正好剛才看了一下。」

「妳覺得怎樣？」

「唉呀——，眞夠刺激！」我很想把我的感想正確地傳達給他，可是壓不住興奮的心情道：「太好了。有這樣的人存在。既有勇氣，又有才能。留學生就有這般學識，文章又棒，實在令人敬佩。」我激動地大捧一番。

對這般興奮的我，他問道：「妳想見見這些人嗎？」

我驚訝事情怎麼會如此巧妙地演變，便乘勢大叫：「我想去見他們。」

◆「自動上門的傢伙都是間諜」

「好，下回介紹給妳認識。」

大概馬克看穿了我對這本雜誌眞的起了共鳴，馬上就跟台灣青年社的幹部黃昭堂取

▲就讀早稻田大學三年級，當時外國留學生不多。

得聯絡，講了我的事。

但黃某毫不領情，並斷言道：「啊，主動接近的傢伙全是間諜。而且還是個女的，一定是來者不善。」

馬克也不退讓：「不，我敢保證。她一定是眞心的。」

黃等幹部們認爲自己的身份遲早總會曝光，不妨見見來者是什麼樣的女間諜，就決定在馬克的宿舍會面。

「和那些活動家見面，沒問題嗎？」若說我內心沒有不安，那是騙人的。

但是，台灣留學生竟有這般勇氣和知性的人，我倒想見一面。——一種看熱鬧的心情戰勝了不安。

我胸口怦怦跳着，走向馬克的宿舍。黃等幹部們以謹愼而質疑的口氣與我交談起來。後來聽說我是外文系學生，口氣就有點變了。

該社首腦王育德先生說：「我不會講英語，跟西歐人見面的時候，請妳來當翻譯。」

這下子換我退怯了。我雖感動於《台灣青年》而想見他們，可是還沒有準備跟他們一起共事。我本是率性直行的人，凡事想到就做，可是這種殺頭的活動，畢竟不是可以簡單承諾的事。

然而從小就莽撞的性格，此刻也呈現出來了。所以我實在說不出「不，我不行」這樣的話。

就這樣，我開始消極地關注台灣獨立運動。

報答台灣養育之恩

周英明
Syu Eimei

◆無法站立起來的創傷者

如果我的親人在二二八事件及緊接着的白色恐怖的肅清風暴中被殺的話，縱然獨立運動的志業何等偉大，恐怕我也不會參與吧。

目睹顏學長等人的屍體，而惶恐畏縮是事實，但「好了傷疤忘了痛」，經過十五年歲月，我開始想要挺起沈重的腰身。

就我所知，幾乎沒有人是因爲家人被殺而參加獨立運動的。因爲做不到。能爲「報父之仇」而站起來的話，還算好；現在，不僅台灣，全世界都有受創傷而站不起來的台灣人。他們雖然共鳴或同情台灣獨立運動，但無法接近，只抱着難癒的創傷而活下去。

◆我不幹，誰來幹

我雖過着優渥的留學生活，但我回顧己身——

「憑自己優秀的頭腦，通過考試，所以接受這種待遇是理所當然的。」這麼想的話，就大錯特錯了。

我們一家人於終戰後，兩手空空的半飢餓狀態，回台灣求救。那時在基隆港給我喝的魚丸湯是什麼？無處可棲、無業可就的我們一家人，是誰接納了我們？承蒙這些恩典，我們一家人才得以活下來。

因為家口衆多，家計拮据，所以我在初中與高中，都領到台灣省教育廳發給我的相當金額的獎學金。

老師甚至還揶揄我說：「你一邊讀書還一邊賺錢嘛。」

但我不認為這是國民黨政府給我的。他們只是把搾取台灣人的苛稅的一小部分拿出來充當教育費而已。

我在台大時也領過獎學金，畢業後受到「留學生貴族」的待遇。日本文部省給我獎學金讓我在東大大學院讀書，這是代表全體台灣人的立場。

幸而被台灣所救，被台灣所養育，才有了今天。假如父親無法就業，也沒有獎學金的話，我豈不是在中學就放棄學業了嗎？

我從台灣蒙受了一生都回饋不完的恩義。如今，從台灣最高學府出來的我，只因怕事而什麼都不幹，那麼到底有誰來救台灣！

怕受打壓的恐怖感雖未消除，但不該長此以往的念頭確實高漲了。

◆大使館緊急傳喚，膽顫心驚！

讀了《台灣青年》，感動之餘，爲了向編者們表達鼓勵之意，我投了一封匿名的「讀者投書」。

爲了從文面上判別不出是我，所以只寫「最近才來日本」，接着就是感激萬分的讀後感。文末署名「思葦」即是取自巴士卡作品《思考》中的一句「人是思考的葦草」。但這就是充分的證據了。

當時《台灣青年》的主編是王育德，就讀於東京大學博士班，算是我的遠親。他知道我於四月來日本留學，也知道我日文不錯，便暗中動我腦筋：「幾時把他抓來參加獨立運動。」

正好一看我的投稿，便知不是別人。「就是他！」王育德即刻派了他的心腹黃昭堂來找我。但我不能因爲受到邀請，或贊同他們的宗旨，就輕易地答應「好，我來幹」。其實，在

▲就讀東京大學研究所時期

沒有任何人來邀我之前，我已偷偷地用絕對無法查出的方法，搞着揶揄國民黨政府的惡作劇。

那就是變更筆跡，設法不留指紋，製作批評政府的「怪文書」，到處寄送。

有一天，收到一封正式的信封，收信人是我，我的名字寫得很漂亮，而且是限時專送。

「是誰寄來的呢？」看了寄信人，我嚇了一跳。「在日中華民國大使館・文化參事官」，這是管轄留學生的總頭頭。

「急欲一會，某日某時請來大使館一趟。」信裏如此寫道。

「難道怪文書被發覺了嗎？到底有什麼事？但不去的話反而會被懷疑……」我戰戰兢兢地走向大使館。

到了大使館，文化參事官迎接我道：「歡迎！這裡有點不方便，到我家來吧。」就把我帶到大使館附近的官邸。

「本來就想請你吃飯……」

談笑一陣子之後，參事官的年輕太太就端出料理。一看到她，我嚇了一跳。她竟是我在台灣當家教時所教的中國人女學生。其後完全斷了音訊，沒想到竟與文化參事官結了婚。

「說來眞巧，無意中看到今年日本文部省國費留學生名簿時，內人說『啊，這位是我的老師』，所以就想請你來，讓你們見見面。」說着，就拚命地向我勸酒。

「原來如此。害得我……」

解除了警戒心的我，就盡情品味主人的敬酒和女弟子的拿手好菜。

但是，他請我到家裡吃飯是另有目的的。吃到最後，文化參事官終於開門見山道：「想請你幫幫忙。你在東京大學，一定跟很多留學生有交往，所以請你把誰在何處講了什麼話記下來，定期提出報告。由於種種花費也不少，每月給你八十塊美金啦。」

原來是每月八十美元的外快叫我當間諜！當時一美元＝三百六十日圓的時代，八十美元約等於三萬日圓。我既已領取大學畢業生初任薪水兩倍的獎學金，再加上八十美元！

但那倒不是問題。我必須明白表示，我無法幹下出賣朋友這種卑劣的行爲。但若拒絕了這個要求，大使館會加深對我的疑慮：「難道你不聽政府的話嗎？」

怎麼辦？我苦惱不已。最後我下定決心拒絕大使館的要求。心想：「果眞這樣做，我的人格勢必掃地。好，一不做二不休，參加獨立運動吧。不再對自己說謊了。」這是迷惑、苦惱、思考之後的結論。

當時從台灣到國外留學的人數已不少。沒有例外的，都被父母叮嚀道：「到了國外，千萬不要涉及政治，絕不可參加政治活動。」我也不例外。

在台灣國內從事獨立運動的話，要賭性命；在國外的話，則護照被沒收，兄弟姊妹一家族的命運則等着被列入黑名單。

眼前浮現老邁的父母的臉。我咬着嘴唇，在心中謝罪：「從此不能回台灣了。請原諒我這個叫您們操心的不孝子吧。」

女007？還是東洋女情報員？

金美齡 Kin Birei

◆政經分離任大使館特定通譯

語學拿手的我，除了台語之外，日語、漢語、英語皆可運用自如，使我有兼差當通譯的機會。

首先有駐日中華民國大使館來請我擔任很重要的差事，那就是擔任以中國大陸為主題的研討會的兩位主講人的翻譯。雖是由漢語同步翻成日語，但因內容水準相當高，所以經過嚴格審查而被選上的。

初出茅蘆的我和另一位長年在大使館工作的男性前輩擔任通譯之外，或許使館方面還不放心，另請了一位在NHK廣播電台拿高薪的專門翻譯中文的人在後面備用。

第一天由我上台翻譯。開場不久，那位NHK專家說：「啊，我這可放心回去了」，便走了。第二天，那位前輩通譯說是「感冒」，沒有來。結果兩天下來兩人的演講全由我一個人負責。從此，我的翻譯頗受好評，大使館給了我「通譯就找金美齡」的美譽。

我堅持政經分離的原則，只要是商業行爲，無論是大使館或什麼地方的通譯工作，我都去兼差。翻譯費規定一天二千圓。

一般女性上班族的月薪八千圓，學生打工一天五百圓的時代。大使館雇用學生當通譯的酬價是一天一千五百圓；但我強硬要求，大使館不得已說：「好吧，那就把兩天的通譯工作當三天計算吧。」用灌水方式處理了事。

大使館或許看我「工作能力不錯，就是直要錢、錢的女孩」吧。

另一方面，在留學生之間，我顯得很特殊，遂被看成「她就是四大特務（從事情報活動或地下工作的間諜）之一」。

其實，我是共鳴於《台灣青年》的獨立運動支持者，但每當大使館舉辦活動便由我當司儀或通譯，難怪被看成「大使館靠攏分子」而被貼上「特務」的莫須有標簽。

◆一杯雞尾酒交託密使大任務

留學第三年的暑假前，病弱的父親令我擔心，便準備返鄉一趟。這消息不知是誰傳出去的，《台灣青年》的黃昭堂傳話要見我。那一夜，在御茶水（地名）的酒吧，叫來雞尾酒的黃昭堂開口就說：「有一件事要拜託妳。回台灣的時候，可不可以秘密幫我傳

▲金美齡(左一)擔任岸信介首相的傳譯

話給郭雨新?」

郭雨新是當時台灣唯一無黨派的(反體制派的別稱)國會議員,民間人氣最高的政治大人物。

至今從未露臉從事獨立運動的我,突然交給我密使的大任務。心想,我回台灣的話,尤其是郭雨新身邊,一定有特務機關在監視吧。五花大綁的狀態可想而知。坦白講,我好害怕。

我沈思了一會兒。要是答應下來而被發覺的話,這可不得了。也會連累了父母……。

然而從我口中竟迸出了連我自己都嚇了一跳的話:「可以呀。」

想到黃等人艱苦走過來的路,我自己憧憬台灣獨立的夢、台灣人的受難與犧牲,這時如果我說「不」的話,一定會被認爲「女人被看衰」了。

聽了重大的傳話（這是暗號，我不知其意），我一邊開玩笑說：「要被（特務）拷問的話，我可忍不下的呀。」一邊既感到緊張又興奮。

回台灣之後，我在腦中尋思着如何達成密使的任務。

剛好那時候，一位軍人出身的國民黨情報局長的友人，請我當正在台灣訪問的岸信介前首相和政府首腦的通譯。因爲這個官員訪日時，我當過他的通譯而受到賞識。

岸前首相讚美我「日語講得眞好」，我盡善盡美地完成了工作之後，就向那位國民黨官員提出請求。

「爲了省下回日本的機票錢，可不可以讓我坐軍艦？」由於才領了超高酬勞，雖擔心不免被疑，但我還是大膽地開了口。

那位官員每次見到我就說：「我可以設法讓妳轉入台灣大學，請妳回台灣當我的秘書兼通譯。」他聽了我的迫切請求，便一口答應了。

握有大權的他只打了一通電話，就讓我插隊搭乘軍艦。

那時候每年暑假，國民黨政府開出軍艦迎送日本留學生，也讓他們到處拜訪或慰問軍隊，以便對海內外誇示有這麼多的青年擁護政府。在這之前，我從未搭軍艦返鄉，於是這次突然心生一計。

乘艦返日的前一天，我才打電話給郭雨新。因爲他有女兒在日本留學，所以我說：「您女兒託我傳話，所以我現在就去拜訪，可以嗎？」於是約了時間，當面轉達黃昭堂的傳話。

直到回日本的前一刻，我都不動色聲，是因爲我計算萬一我的密使行動被發覺的話，當天我就要離開台灣，他們也追不上我；而且海軍比秘密警察力量大，有事他們也不敢出手。

「啊，好險。」總算完成了大任務，內心猶如放下千斤重擔。

不料，這次換郭先生拜託我：「請妳把這個帶回去交給黃先生。」

「咦？又要叫我？我不幹了。」我眞想仰天長嘯。

要是一點點文件的話，或許還可想辦法，但那是他在報章上發表的文章及有關反政府的資料，滿滿裝了一紙箱。

結果我還是答應下來了。但告辭之後，才獨自一人陷入沈思。

「搭乘軍艦的話，大概不至於一一檢查行李吧。」心裏雖這麼想，但還是要設法隱藏，以防萬一。於是我把全部受託的資料用禮品包裝紙包起來，當做準備帶回日本的禮物。

因爲資料全是報紙雜誌等印刷物，所以用包裝紙不覺得奇怪。

被蒙在鼓裏的父親到港口來送行。我一想到回日本之後，搞起獨立運動的話，大概再也回不了台灣，今生恐怕就此與父親永別了時，心如刀割。

但佯裝得蹦蹦跳跳的我一點也不露出破綻。「阿爸，您要是病倒的話，我就糟糕啦。萬一有事的話，我也無法馬上回來呀。」只能講出這種冷酷無情的話而已。這成了我們父女最後一面的交談。

果如所料，從基隆出發的軍艦，完全沒有檢查我們的手提行李。

平安抵達日本之後，我把那些資料裝訂成原本的樣子，然後寫了明信片給黃昭堂，若無其事地說：「我從台灣帶了禮物給你，想見一面。」

我們再度會合於御茶水的酒吧，把郭雨新所託的資料連同台灣土產交給黃昭堂，並報告我確已向當事人傳話了。

聽我講完之後，黃昭堂說：「我以為妳不會完成這件事。雖然拜託妳了，心想妳會中途畏怯跟我說『無法達成』呢。」

聽他這麼說，我心想：「眞把女人看扁了。」不過，眼看大家視爲畏途的大任務由我圓滿達成，實在深感驕傲。

一見鍾情於四大特務之一

周英明 Syu Eimei

◆令人印象深刻的她，竟是大使館的御用特務？

我受到獨立派的台灣獨立建國聯盟的指令：「大使館的下級團體『中華民國留日同學會』要選幹部，因爲還沒有人知道你是獨立派，所以請你默默地潛入參選。」

幹部選舉當天，事先已傳閱獨立派支持的名單，指令要投票給誰。

完全不知底細的我，來到設於東京四谷的中華學校的同學會大會兼選舉的會場。

走進會場，我一邊和認識的留學生打招呼，一邊眼睛盯着一位女子。我對金美齡一見鍾情了。

一個同伴替我們介紹之後，我問朋友，她是何許人？

「啊，她呀，就是大使館的四大特務，萬萬不可接近她！大使館常雇用她當通譯，在台灣也當了前首相岸信介與國民黨官員的通譯。」

他拚命告訴我一些情報。

對我而言，這是對別的女性感受不到的深刻的邂逅，可是聽了這話，不禁又感到失望。

◆被她的敏銳與流暢的日語所折服

同在東京生活的台灣人留學生，常會在各種聚會碰面。聚會時不知有什麼樣的人在裏面，所以互相警戒而避免談及政治。

但或許是靈犀相通吧，幾次碰面談話之下，她從我的想法與說法之中觸摸到我的「信號」，而做了某種推測。於是偶然只有兩人談話的機會，她突然開門見山道：

「在《台灣青年》寫小說的孫明海是你吧？」

我嚇了一跳。

題爲〈烏水溝（台灣海峽）〉的連載小說的作者孫明海，的確是我的筆名。參與獨立運動時，《台灣青年》的主編問我：「也請你幫點忙吧。你會什麼？想幹什麼？」我毫不遲疑地答道：「想寫小說。」

「工學院的學生寫小說？」周圍的人似乎覺得很奇怪，但說：「那你就寫寫看吧。」於是寫了長篇連載小說，成了留學生之間的話題。

現在，一下子被揭穿，既不能肯定也不能否定，我只含糊笑道：「唉呀，哈、哈、哈。」但內心裏不禁佩服「她好厲害」。

而且更令我佩服的是她的日語。

留學生的日語能力高低相差甚大，而她的日語比起其他留學生，無論質與水準都是出類拔萃。

不僅是流暢的水準，而且從她口中說出的日語，漂亮得可說是藝術。

有一次，無意中問了她：「我在寫稿的時候，爲了要集中精神，多半在咖啡館寫。妳也在咖啡館寫過東西嗎？」

「不，女人和男人不同。女人單獨進咖啡廳的話，會叫人聯想她似乎想要什麼。所以我不會單獨去的。」她答道。

很輕鬆的談話，但「似乎想要什麼」的表現之妙，我實在爲之傾倒。

◆突兀的求婚

當時，東大的台灣人留學生組織被左派（親中國）掌控。台獨派想暗中奪取這個「中國留日同學會」，便由表面上政治中立，且被視爲認眞讀書的我提名競選會長。

結果僅差數票而輸了。餘味很難受，懊惱得一夜都睡不着。

次日是週日，心情無法平靜，就打電話到她的宿舍：「要不要出去走走？」

迄今未曾單獨交往過，只在聚會時談話而已，由於會長選舉的失敗而造成的鬱卒心情，促使我做出平時做不到的唐突行動。

「嗯，現在才要去哪裏，不如到我這兒來？」她在電話中說。

「好，我馬上去。」我高興得飛奔出去。

兩人談了好久。午飯吃她親手做的料理，然後又談話，厚着臉皮又吃了晚飯，才急忙回到我的學生宿舍。

落選的打擊還未完全消去，加上今天一整天跟她相處的興奮，這一夜又失眠了。

次日早晨，不懂得戀愛要領的我，想把心中的話原原本本告訴她，就撥了電話給她。

「請妳跟我結婚吧！」我突兀地向她求婚。

「好」的答聲很快地通過電話線傳回來。我樂壞了。

結婚的最大理由是價值觀的一致

金美齡 Kin Birei

◆樸素而直率的人

「這位是東大工學院的研究生周英明先生，請妳投他一票。」在中華民國留日同學會的幹部選舉時，早稻田大學的留學生跟我介紹時，聽到這名字，雖初次見面，但已心領神會了。

獨立聯盟事先已交來投票名單，指示我們要投給誰。

「哈——他是獨立派支持者嗎？眞是樸素的人。」看他穿一件粗布的襯衫，我這樣想。

「工學院又是獨立運動支持者？通常理工科的菁英都迴避政治問題，眞稀奇。」這是我對他的第一印象。

當選了幹部的周英明，在留學生的集會上常要爲大家做種種服務。

爲了歡送畢業生而舉辦的春天郊遊，分乘兩部遊覽車開往埼玉縣所澤市的國際青年村。

節目進行到贈送紀念品給畢業生的時候，日語流利的他當司儀，可是找不到人頒發紀念品。他臨機一動說：「請各位推舉一位最有魅力的女學生，請她來頒發紀念品吧。」這是何等容易得罪人的表現。那種提議，無論推薦誰都會得罪人。

會場靜悄悄。這一來他拋出一句：「那麼，各位，我們請金美齡小姐頒獎如何？」參加者只好拍手同意，我爲避免場面難堪而不便拒絕，心想：「這個人好奇怪。」

會場三個女學生責問他：「你，原先就打算叫金小姐當頒獎人，才故意那麼說的吧？」周英明不是那種〝計畫性犯案〞的人。

而且他又不會玩，主持舞會也不會跳舞，只幫忙寄放衣物。剛好那天我和妹妹遲遲才到了會場。

一看到我，就說「我感到還缺少什麼，原來是金小姐還沒到呢。啊，好漂亮哦。」毫不含蓄也不害臊。

看他完全不會跳舞，覺得好可憐，我就邀他說：「好吧，我來教你最簡單的華爾滋舞步，要不要試試？」然後一邊跳，一邊像平靜地讀文章似地說：「人皆謂天不賦二物，我看也未必然哩。」本人完全無意奉承地說道，所以不會叫人感到毛毛的；倒是被說的一方，常會感到意外的驚喜。

◆因昭和史論爭而知其眞價

他的魅力在於知識與關心層面之廣且出類拔萃，這是別人所不及的地方。

「尤金·奧尼爾在……」有一次他提道。

「咦？這個人也知道尤金·奧尼爾？」

從專攻理工科的他口中竟然說出愛爾蘭裔美國人劇作家的名字，讓專研英美戲劇的我受到衝擊。這是其他的留學生不會關注的領域。

原來他是想專攻歷史的，被人勸說「搞歷史是吃不飽的」，他才讀了理工科。所以除了理工方面之外，他的文學造詣也很深。

留學生同好有個昭和史的讀書會。主持人是農學院博士班的研究生，思想相當左傾。周被邀爲講評人，但兩人開始了一場辯論。

聽了他們的論戰，雖不明言，但從其主張已完全得知「啊，周兄是獨立派的」。

我被他深度的內容所感動。然後可以確信「無疑的，這個人的思想與價值觀與我一致。」

但主持人與周英明的思想完全對立，價值觀大相徑庭，所以討論以各持己見而告終。

萬綠叢中一點紅的我，最後介入兩人之間，因我的一句話而停止了爭論。他原以爲我只是隨意來參加理論派的讀書會，沒想到我還用心去理解其內容，讓他很驚訝。

對他而言，理想的女性就是能百分之百理解自己的人，他這樣跟他姊姊說時，他姊姊勸他說：「天下沒有那樣的人啦。你要這麼要求，一輩子都結不了婚的。我看你還是妥協一點吧。」

價値觀、歷史觀、政治理念、政治理想，一切都完全一致，無疑成了我們兩人結合的強而有力的磁鐵。

第四章 在日本締造生活根基

因結婚而成「有問題的夫婦」

金美齡 Kin Birei

◆百人以上的友人來祝福

「我決定結婚了。」一如往常，我使用最方便的日文向父親報告，且詳寫了對象是怎樣的人，唯關於政治運動一字不提。其實父親早已察覺到了，但絲毫不露出聲色，寫了滿紙都是祝福的信給我。

周英明住在台灣的大姊代表年老的雙親去向我父親致意。大姊在我父親面前宣揚道：「誇讚自己的親人說來不好意思，但是我這個弟弟是非常認眞又好學的好青年。」「那當然不會錯的。因爲是我女兒看上的對象嘛。」父母接受對方的提親，答應了我們的婚事。

但當時從台灣出國旅行不是簡單的事，而且經濟上也有困難。我倆充分考慮己身的安全，也不敢回台灣。

因此，請了《台灣青年》主編，也是周的遠親王育德先生當男方主婚人，請了早稻

▲1964年3月3日周英明與金美齡舉行了結婚儀式

田大學畢業的老前輩施朝暉先生（即史明先生）當女方主婚人，費用則由贊助獨立運動的某人士負擔。

參加婚禮的人除了獨立派的大人物之外，還有友人共一百多人，熱鬧地給我們祝福。這時他正好從東大研究所碩士班升上博士班，而我從早稻田大學大學院碩士班一年級升上二年級的時節，所以是學生結婚。

◆「為什麼跑到獨立派？」大使館大為慌張

其實在我結婚前一年，以首任總幹事（會長）在早稻田大學成立了「台灣稻門會」。我在發起人會上推薦了政經學院研究所碩士班畢業的羅福全學長當總幹事。但他說，「我不久就要去美國留學了。」被他逃開了。結果，我反而被推舉為總幹事。

我就任了冠有「台灣」的組織的幹部，就意味我是屬於獨立派的人。這時最感慌張的應該是大使館吧。

一直認眞地從事大使館的翻譯工作，而被認為是體制派的我竟然搞起「台灣稻門會」，其原因與背景分析成為大使館內部的緊急課題。因為過去把政府首腦的會談等涉及「機密」的工作託付給我，所以被追究其責任。

最後的結論是「那傢伙滿嘴都是錢、錢，所以她被獨立派用錢收買了。」完全牛頭

▲在「台灣稻門會」的迎新派對上

不對馬嘴，但對他們而言，是最有利的結論。

只是一年後，由於我和周英明結婚，使得大使館與體制方面的機關對於上述結論的「錢」無法解釋。於是國民黨特務去台灣的周家說：「府上的兒子是很優秀、了不起的學生，但對方這個女孩子很壞。他被搞獨立運動的女人欺騙了。」然後又到我的娘家說：「府上的千金被那個男人影響了。」

周英明是傑出的菁英，這種人會走上獨立運動，誰都無法理解的吧。這種情況不管事情眞僞如何，自古就有一種解套：「那個人迷上了壞女人」。——我們的情形也用此解套而使世人信服。

當事人彼此的價値觀是百分之百的一致，可是周遭的人並不着眼於此。儘說一個是愛出鋒頭而任性的公主，一個是理想中的優等生。

「他們的婚姻一定維持不了一年的啦。」我倆對這樣的謠傳頗覺有趣，互相說道：「最少可以維持三年吧。」

被批評爲「沒見過那麼意外的配對」的我們，如今已迎接了滿三十七年的結婚紀念日。

護照被沒收反而心情舒暢

周英明 Syu Eimei

◆以特別居留許可保障身分

兩人結婚幾個月後，我的護照已屆期限，必須申請延期。於是我就去大使館申請。但等了好久，也等不到大使館來的通知。

顯然我的護照被沒收了。我既不感遺憾，也不覺不安。

來日本留學的時候，我就有「與國民黨政府斷絕一切關係」的想法，唯因手邊這本印有青天白日旗的護照，每當看到它就再度證實自己仍被置於國民黨政府的管轄之下，心情很不好受。

一旦旗幟鮮明地標舉獨立派，我已覺悟不久就會被沒收護照。如今大使館果然沒收了我的護照，切斷了過去我與國民黨政府之間的瓜葛，反倒令我鬆了一口氣，使我有解脫之感。

雖然護照被沒收，但我的情形可適用於法務大臣的特別居留許可制度。

▲1970年4月，周英明(右一)帶着長女麻那(中)參加示威遊行。

此一制度是以具有正當職業、有正當居留理由、經濟上沒有問題，因政治關係而無法歸國的人爲對象。

◆奇蹟似地從兼任講師升等專任副教授

結婚第三年的一九六七年秋，指導教授批准了我的論文，翌春取得博士學位之事已成定局。於是我開始認眞展開謀職活動。

無論當補習班的老師或從事翻譯行業，我都有信心維持生活。不過，爲了明確居留理由以便取得特別居留許可，最好能找到安定的職業。

我也有商社等一般企業或研究機關的門路，但沒有護照就無法到海外出差，所以不列入考慮範圍。

有可能雇用沒有護照的政治亡命者的地方，便是大學。教學工作又是我擅長的領域。然而當時的日本各大學連西歐人教師都很少，何況東方人的外國人教師更近於無。

我的指導教授很有耐心地爲我打聽每所大學。最先的兩所大學拒絕了，而第三所就是東京理科大學。

「兼任講師的話，還可考慮雇用。」因無外國人專任教員的前例，故只能聘爲兼任，這是大學方面的理由。而且工作地點是千葉縣野田市的新設學院。對方說：「那樣的地方，那樣的待遇，如果你願意的話……」坦白講，太遠了，但此刻必須要找到安定的職業才是。

身爲東京理科大學的兼任講師，我努力工作。過了一年，翌年春，竟然出現了奇蹟。日本的大學不同於台灣，兼任講師通常都是不能升等的，永遠是兼任講師。但我的契約滿一年之後，正要更新之際，校方突然發給我專任副教授的聘書。原來我所屬的系主任與院長在背後幫忙爲我奔走。實在太感激了。

為了生活而激烈爭辯

金美齡
Kin Birei

◆撕毀護照

眼看周英明的護照被沒收，不久我的護照也到期了，但我不去大使館辦理延期手續。

被列入黑名單的夫婦，丈夫的護照被沒收，而只有妻子去辦延期是沒道理的。也就沒必要爲讓大使館沒收護照而特別花車費與時間專程到大使館去了。

「我也不要了！」

說着，等護照一到期，我就毅然地把它撕毀扔進垃圾桶了。

◆日本政府與國民黨政府勾結

其實，國民黨政府和日本政府對獨立運動人士所施的壓力，雖然在形式上有所改變，卻一直沒有間斷過。

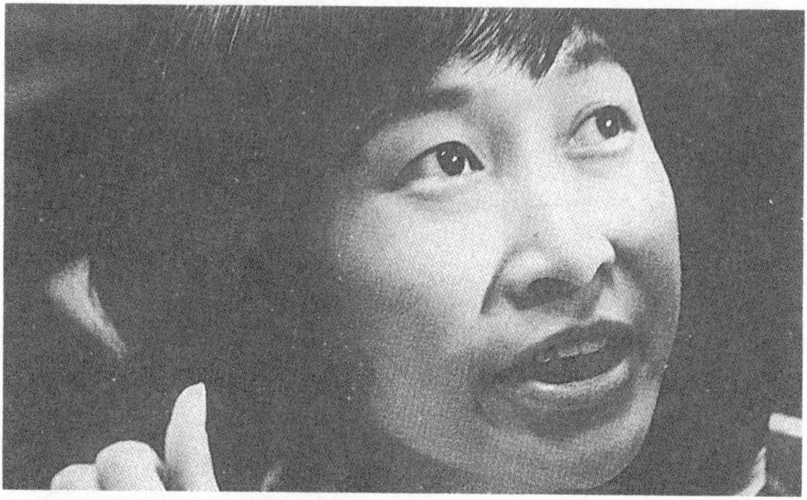

▲金美齡在日本品川的入國管理局靜坐抗議

比方說，當日本政府逮捕到攜帶毒品的台灣人，在收押進監獄之後，通常都是強制遣送台灣。但是國民黨政府卻不接受日本政府的要求。

然而被激怒的日本法務省便與國民黨政府討論，其結論是「遣送一個獨立運動人士，就接受八個毒品犯」，亦即把獨立運動人士攬在一起，就可接受毒品犯，如此不可理喻的結論。

很快地，日本政府對二位獨立運動人士做了驅逐出境的處分，但這兩個人就斷然在入國管理局的收容所絕食以示抗議；而我們則向新聞媒體展開呼籲活動，一奏而效。結果，迫使日本政府不得已放棄了這項計劃，以必須每月到入國管理局報到爲條件，而釋放了他們。

但僅此程度，日本政府是不會輕易罷休的。於是，將強制出境的對象改換成可能單獨一人去入管局報到的人。

留學生於大學畢業或修完研究所課程之後，只要繼續在學校任教，就會被認定是仍從事入國簽證時的求學之路，不得不發給居留許可。但若大學畢業之後離開了留學目的，居留理由便告失效，變成違法居留了。

我們的伙伴柳文卿畢業於東京教育大學碩士課程之後，被訓令每月報到一次。

適值當局熱衷於強制遣送的時機，我們決定柳兄去入管局報到時，一定要有人陪他去。萬一當場被收押的話，還有人察覺有所〃異變〃。

但或許柳兄已習慣於手續而粗心大意吧，有一天，入管局快要下班的黃昏，他一個人去報到，竟當場被收押下來了。

爲了阻止他被遣送回台，我們計劃從收容所到羽田機場的道路上，以車子去撞擊押送柳兄的警車。但因無法認定是哪一部車子，結果柳兄被送到羽田機場。

於是做爲最後手段，同志們從送機的走道跳入機場，和警察搏鬥起來。黃昭堂向柳兄大叫：「快咬斷舌頭！」

柳兄聞聲咬了舌頭，但沒咬斷，滿身沾血而被推上飛機。

然而由於這場騷動，使得他返台後只被軟禁而免於死刑。這次羽田機場的大搏鬥有十個獨立運動人士被捕，但後來再也不曾發生獨立運動人士被強制遣送的情事。

◆父親寫來的中文信

被稱為「比鬼更可怕的特務」的國民黨政府機關，對於在日本從事反政府、獨立運動的女兒之父親不可能不施加壓力。

結婚不久，父親寫來了一封信。

打開信封，一讀內容直覺「奇怪」！

總之，一向都用日文互相通信，怎麼這次突然用中文？父親傾訴自己的健康狀態不佳，而且以哀懇筆調寫着：「妳已畢業於早稻田大學（此時我就讀研究所），為了病弱的父親，請妳早日歸來吧。」

這無疑是特務來找父親，強迫父親寫的信吧。為了讓女兒知道這種情況，讓女兒頓悟催促歸國的內容不是父親的眞意，所以故意用中文來寫。我可察覺父親的苦衷。

於是，我同樣用中文以嚴厲的口氣回信道：「我從小就是不聽父母管教的頑固女兒。我堅持信念走自己的路，希望你們不必操心。」

我算好特務必會檢閱這封信。如果我稍稍寫了同情父親的字句，會讓對方看到父親的哀書有效，便會更加壓力給父親。如此一來，父親將被逼入苦境。

我非讓特務知道「對這女兒用家書的謀略是行不通的」不可。不知是否這封強烈的回信奏效的結果，從此父親的來信又恢復平常的日文信，再也沒寫中文信了。

◆夢中的美國生活

我原本研究英美戲劇，等四年後周英明修完博士課程時，就要去美國一闖天下。雖然我們夫妻沒把這抱負提出來商量，但一直隱藏於心中。我也斷定他必已充分理解且默認了。

當時美、蘇兩超級大國正處在航太爭戰中，專攻電子工學的研究者在日本過窮日子，但只要去美國，就可獲得高薪的生活保障。我們的家庭在美國過着優裕的生活，而我要再次入美國的研究所重頭學起。——我一個人在描繪着充滿希望的未來。

周遭的台灣人留學生也都到美國或巴西尋求新天地，個個生龍活虎地過着優裕日子。

然而事出意外。等到周英明確實要取得博士學位的時候，我一說「好了，去美國吧」，他卻回答：「不。去效勞美國社會或美國資本，我不幹。」

那顯然不是眞心話。他的母語是日語。所以在日本可以講授最好、最高質的課業。他是滿膛熱忱的人，懇切週到地指導學生，是好像專爲當教師而生下來的人，這一點我十分了解。

但是我想去美國。抱着兩個吃奶的孩子，結婚第四年，我們大吵了一架。眼前的玫瑰夢突然萎謝了。爲什麼只有我非拋棄美夢不可？這時如果我訴諸強硬手段「不去美國，就離婚」，溫柔的周英明或許會哭喪着臉說：「既然妳這麼說，那也沒辦法」而決定去美國也說不定。

「但那是不公平的。」我的理智叫我煞車。我即使去美國重讀研究所，也不過是利用他的博士學位，因爲他本人不想去美國。如果我強硬要去，等於踐踏了周英明的心意與希望。這是我無法做到的。

周英明察覺到我的心情，便說：「那麼等孩子長大一些，可以走得開的時候，再去留學吧。」我便於此找到折衷點，遂於七年後的一九七五年，以客座研究員的身份遠赴英國劍橋大學研究一年。

◆麵包難吃、治安不好的美國使我幻滅

留學英國期間，我利用暑假去美國跑了二十幾個都市，花一個月時間做了演講旅行。

結論是「我不想住美國」。

第一個理由是我不會開車。

第二個理由是食物很難吃。最愛吃麵包的我，每天早上吃這麼難吃的麵包，我可受不了。

第三個理由是紐約的治安很壞。住紐約而無法去百老匯的劇場、音樂會，美國生活就毫無意義了。

在日本的話，雖然東京、上野的東京文化會館的演出遠不如百老匯之豐富，但只要將就一點，便可輕鬆愉快地去看歌劇，回家路上也沒有性命危險。

▲1975年至英國留學

但在紐約，白天去百老匯沒有問題，天黑之後，就怕得不敢回家。

專程來到美國，一直待在屋子裏多不划算。總要想辦法確保從百老匯回家路上的安全，於是我心生一計。

剛好幾個住在紐約近郊的友人們爲了歡迎我來美國，說要請我吃飯。我就順着他們的好意而提出要求道：「與其吃飯，不如只要一個晚上用車子來百老匯接我，送我到妹妹的家就好。」

對他們而言，吃一頓飯是較爲輕鬆的。結果能接納我的無理要求的幾位友人輪流來接我，讓我得以觀看了幾天的戲劇表演。如此用心都無法觀看戲劇的話，那我何必來美國研究英美文學或英美戲劇呢？經歷種種痛苦之後，我決定今後的生活根基放在日本。

自我主張強烈且黑白分明的我，周圍的人都說我適合於美國社會。但美國社會絕不是想像中可以讓妳憑英美文學一決勝負的那般美好。像原本專攻英國文學的妹妹以及其他友人，到後來卻改學圖書館學系而在圖書館上班即可證明。

美國社會不像傳聞中那般開放，但當時的日本社會更是封閉。尤其對於非紅毛碧眼的亞洲系外國人，日本人享有的機會均等的就業之路幾乎全被堵塞。即使依收入的多寡而納了稅，也不能加入健康保險或年金保險，逼不得已，只好在不安之中生活。

獲得永住權的同時晉升教授

周英明 Syu Eimei

◆東京多刺激且充滿文化氣息

當時遠渡美國的台灣人，幾乎都生活在遠離文化都市的鄉村。

當夫妻倆爲了「在美國生活?還是在日本生活呢？」而意見針鋒相對時，我想像自己在美國社會中的生活情形。

一個台灣人工程師住在美國中西部典型的鄉村，擔任學校的教師或任職於公司的研究機關，在每天都無變化的時間流轉中，過着散文般安閑無爲的生活。

在那兒沒有值得一提的或令人興奮的文化活動，也沒有美味的料理，有的只是和平與經濟上的安定，大概每天過着毫無刺激的日子吧。

誰都希望以挑戰自己能力的極限來表現自我。但美國是英語社會，恐怕連自己所持有的四分之一力量也使不出來，而僅置身於無法接近美國文化核心的狀況吧。那樣的人生，我無法忍受。

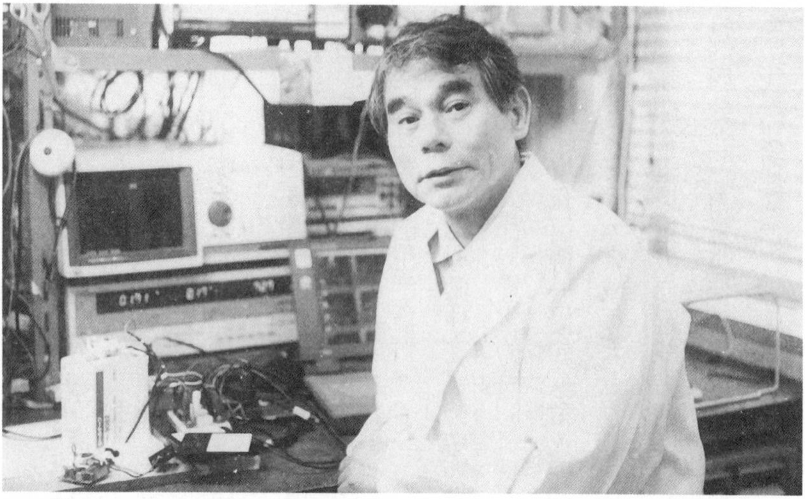
▲周英明在東京理科大學的研究室

在日本又如何呢？日本的中心是東京，東京的周邊充滿知性的、文化的刺激，也可接觸其世界的一端。

我完全找不出非在美國生活的理由。能把自己百分之百表現出來的世界，除了日本之外，不做他想。

所幸東京理科大學接納了我，已打開教職之路，也讓我指導博士班的學生。只是博士課程最低年限爲三年，而每年要申請居留一年的我要負責指導三學年的學生，是有點勉強的。

大學校長又叫我擔任研修中心的副館長，可是副館長的任期一期兩年，又碰到瓶頸。

我每年去入國管理局申請居留延期時，便指出這矛盾，提出請求，希望獲得改善。

入管局的作業是看居留者的信用度，分成一個月、三個月、半年、一年，必須本人出面，確認其居留條件，對於可延期的人給與更新許可。如此細分的程序，對入管局而言，的確是把事務繁瑣化了。

由於長短期居留日本的外國人不斷增加，遂於一九八二年修訂了有關外國人的法律。

準此，對於沒有特別問題的外國人，可給與永住權。我們即刻去辦手續，獲得了永住資格。

從一九六四年被註銷護照之後，雖得到法務大臣的特別居留許可，但每年都要重辦一次手續，宛如走一次鋼索。當我研究所博士課程修了時，居留日本的正當理由也消失了。所幸有在大學兼課，所以還可延長；到了第十八年，才從每年續簽一次變成「可以一直住在日本」，獲得長久安心的環境。

由於我的「身分」獲得安定，大學的待遇也從特約教員變成正規的教職員，終於達成晉升教授的美夢。眞是久旱逢甘雨、喜慶連連的春天啊。

不可讓孩子成為無根的浮萍

金美齡 Kin Birei

◆「夫妻不同姓」務須謹慎

我們結婚第二年的一九六五年，長女麻那誕生；再過一年，長子士甫誕生。

在日外國人的住民登記是以個人單位辦理的。假若我們是日本人的話，法律上規定結婚時，必須改為其中一方的姓。但因是個人登記，所以結婚之後，仍然是「周英明」與「金美齡」。

當時的日本不像現在對夫妻別姓那麼開放，仍很重視傳統的價值觀。

在婦產科醫院生下長女時，周英明跑來了。

「您是孩子的父親嗎？」護士確認之後，再問：「您承認嗎？」

我也填寫了出生登記表，向護士長稱道：「孩子要冠父親的姓。」

「是嗎？」

護士長過一會兒回來說：「那麼，孩子的父親會承認吧？」

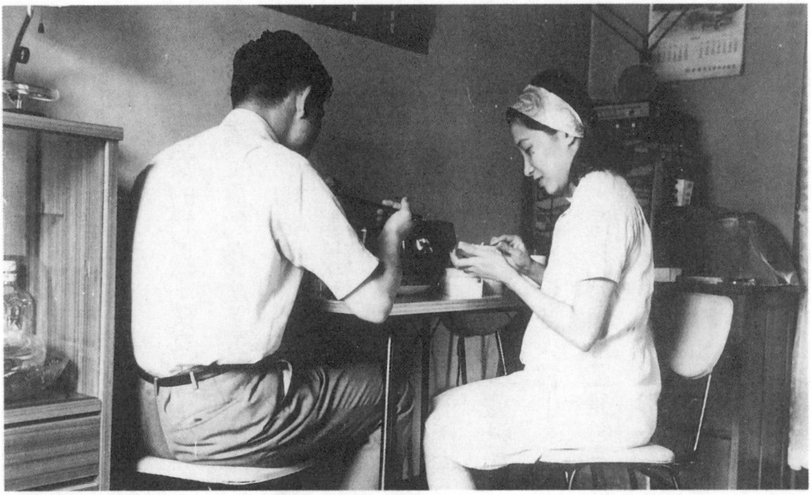

▲新婚不久，鶼鰈情深(攝於東京東大久保的寓所)。

在日本社會要貫徹「夫妻不同姓」並不輕鬆。

長女出生不久，公寓門口依然掛着兩人不同姓的門牌。附近熟稔的太太有一天以難以啓口又很歉意的表情問我道：

「府上是〝內婚〞（非正式結婚）嗎？」

我咯咯地笑開了。周遭一定有很多人跟她一樣地想問又不敢問。因爲「問人家的私事很失禮……」而一直忍下來，但忍到極點才會有這個發問。

這時如果妳認爲「受到傷害」或「被人瞧不起」，而哭啼或發怒的話，那最好不要實踐「夫妻不同姓」。

最近對夫妻不同姓的理解加深，風氣也有改變，但還是有異於日本的社會習慣，所以必須要有最大的決心。如果沒有對此小事付諸一笑的覺悟，那還是別搞夫妻別姓爲上策。

◆歇斯底里的對策是當聖心講師

生了長女的我爲了撰寫碩士論文，便把孩子寄養於東京港區的愛育醫院。「不看健康的孩子，就不知道生病的孩子。」小兒科名醫內藤壽七郎先生如是想，就在愛育醫院的病房外，特別設置寄養健康幼兒的地方。

這種情況，健康保險是不支付的。反正我們也不能加入健康保險，只好每月忍痛付四萬五千日圓。

這筆費用相當於一般家庭的兩個月薪水。所以在此寄養孩子的，不是著名女影星、律師，便是NHK廣播員或大報社的記者，都是一些高收入的家庭。

我們的孩子混在這些人當中。只因「爲了完成碩士論文，沒有其他辦法」，不但傾出僅有的儲蓄，還要到處打工兼差，來擔負起這筆養育費。

每天都走在無法想像的綱索上。

總算完成了碩士課程的我，抱着兩個幼兒，也無法進博士課程，整天忙着照顧孩子。一方面，周英明就讀於東大工學院博士班，既無暑假也無寒假，每天早出晚歸。

過去夫妻兩人都兼差，幾乎同等的收入，但生了孩子之後，只有我挑起育兒的重擔，我每天都鬧情緒。

「同樣當了父母，爲什麼你能繼續學業，而我就要在家裏照顧孩子？」「下次輪你生孩子看看？」我幾乎每星期發作一次，歇斯底里而魯莽地頂撞丈夫。

由於情況太過劍拔弩張，他就以「那我也不去學校好了」「別再鬧了！」「嗯，知道了」種種勸慰的話來收場。但是第二天早上，周英明一如往昔提着皮包到大學去。

吵吵鬧鬧持續了一年左右，周英明拗不過我，幫我找到了聖心女子學院英文講師的職位。爲了紓解我的歇斯底里，他想出了最後的對策，果然發揮了奇妙的效果。

◆讓孩子接受日本教育

當時居住在日本的亞洲系外國人家庭，其共同的苦惱與不安是「無法受到日本社會的接納」。

不論亞洲系留學生比日本人大學生多傑出優秀，日本的企業對這類求職者都是不加考慮地排除在外。

這種環境之下，旅日亞洲人因感在日本落地生根不易，便期盼孩子們能活躍於國際社會，就強制孩子們學習各種語言。比如台灣人家庭，除了台語之外，還要學習中文與英文。

▲周英明任東京理科大學副教授時期第一次當媒人，金美齡第一次穿和服。

▲家族合照，長子士甫(左後)和長女麻那(左前)。

讓所愛的孩子獲得各種立身利器，其父母心是可理解的。只是接受這種教育的孩子將來長大會變成怎樣呢？反倒可能成爲無根的浮萍。

孩子若是天資聰穎，倒無所謂；父母若能精通語學，也不成問題。

但是父母不會講英語，而送孩子去讀美國學校，就慢慢造成親子之間無法溝通。而且日本社會的母語講的是單一語言——日語，可是在學校則使用英語，這便無法形成正常的思考回路。

我當過家庭教師，所以看過很多這種現象。

於是，我們商量結果做出以下的結論。

「反正我們無法回台灣，孩子們生於日本，也要在日本生活，那麼就讓孩子接受最大多數日本人所受的教育，過日本最大多數人的生活吧。」

當孩子達到學齡的時候，我們拜訪區立小學並請求道：「請讓我家小孩就讀貴校。」校長高興地迎接：「感謝看上本校。」入學後，孩子們沒有任何隔閡。我們的孩子就這樣從小學、中學到高中，都就讀於日本普通的公立學校。

我們並不強制孩子學中文或台語。只因將來一定要學英文，所以從小學開始一星期只撥出一個小時教他們英語發音，僅止於最低限度的訓練而已。

孩子們大概會如我們所願，好好地在日本社會生根而度過人生吧。

◆忠於民族認同而取得日本國籍

我夫婦倆曾告訴孩子們說：「我們為了台灣獨立，一定要堅持到最後，因有此覺悟，所以不拿日本國籍；但你們是自由的。你倆生於日本長於日本，沒有欠台灣什麼。所以你們要以什麼身分活下去，由你們自己去決定，要忠於民族認同而取得國籍。」

日本的國籍不是出生地主義，而是採用血統主義。亦即不因在日本出生就是日本人。因此孩子們在我們的保護之下，也沒有護照，也不屬於任何國度或地域的人。

所幸孩子們謀職期間，正值日本的泡沫經濟時代，謀職容易且日本社會已相當開放。我家長女被某電視台錄用為第一個外國人正式職員；長子無護照也不會講中文，可謂具備了最壞的條件，但仍被商社錄用爲正式職員。

兩人等到可以出具納稅證明的時候，便一齊申請日本國籍。等了兩年多，終於取得日本國籍，現在他們持有日本的護照。

然而看看旅日韓國・朝鮮人的親子關係，就跟我們形成強烈對比。

孩子們想要歸化日本，他們就強硬反對而迫其斷念。我認爲那是想把孩子攬於自己的世界，是最不智的方法。

讓孩子用自己的頭腦自由地思考，自由地離巢翱翔，不就是爲人父母的責任嗎？

旅日韓國人強烈要求日本授予外國人地方參政權，而日本政府官員中，也有人主張做爲「補償」而授予參政權。但是旅日外國人的地方參政權既不是補償也不是恩典，如果此案通過的話，則將成爲日本衰敗的原因。

旅日韓國人的第一代總是抱着某種怨恨。他們大概在日本社會生活有着難言的苦衷，所以抱持那種感情也是無可厚非的。但把那怨恨移植於旅日第二代、第三代，大大扭曲了今日旅日韓國人的意識，結果造成與日本人之間的隔閡。

如果要在日本社會紮根生存下去，也爲了彼此的幸福，不是應該在此刻當機切斷「怨恨的鎖鏈」嗎？

第五章 回歸故鄉台灣

世間變化在一瞬

金美齡
Kin Birei

◆不滿於被列入B級黑名單

我最後一次返台是一九六一年大學三年級的暑假。因擔心病弱的父親，又接受獨立運動的成員所交付的密使任務而回台，當時沒想到之後會跟台灣這麼「長久的告別」。其後，我全面投入台灣獨立運動，在與國民黨政府的毒辣計謀搏鬥之餘，我常喟嘆，說不定此生再也無法用自己的兩腳牢牢踩在台灣的土地上了！

時間過了三十年，台灣終於掀起了自由化的波濤。

從事獨立運動的戰友們開始依序被解除歸國禁令。歸國禁令的解除順序是以反體制、獨立運動的「罪」之輕重來決定的，被通知解禁的人，就到台北駐日經濟文化代表處（前中華民國大使館）辦理手續，便可得到護照而歸國。

這個受注目的黑名單的等級內容，一點一點地洩露出來，傳進我們耳裏。當中，有人把最正確的情報直接傳給我們夫婦。

那是我們夫婦的共同友人某君認識駐英國倫敦代表處的代表（所謂駐英中華民國大使），在那裏看到黑名單正本的友人從英國返回台灣的途中，特地來日本向我們緊急報告。

「我看到了黑名單的正本啦。金小姐，妳是B級。」對他的報告，我抗議道：「太失禮了！為什麼我是B級呢？難道獨立運動的工作我做得不夠嗎？」

黑名單中不是A級而是B級，令我不滿。歸國禁令太早被解除的人，表示作為獨立運動人士的「重要性」較低，是沒有面子的。在這節骨眼上，我是不馬虎的。

接著，國民黨情報部不知洩密給誰，很奇怪，事先都會傳來內部消息，「其次被解禁的名單是某某」。

◆在台灣召開獨立建國聯盟總會

在這潮流之中，決定台灣獨立建國聯盟之態度的會議上，我呼籲道：

「過去因非法入境或在島內運動的同志很多被關在台灣的監牢裏，為了支援這些人，我們要回台灣。」

討論的結果，一年一度的全世界總會決定在總部台灣舉行。

過去，設立在台灣的獨立聯盟總部當然是地下組織，諸多旅居外國的同志無法入境，一歸國即遭逮捕。

換句話說，在台灣召開台獨聯盟總會，根本是不可能的事。而這次決定深入「敵人陣地」，在國民黨政府的腳跟前召開獨立聯盟總會，無疑是歷史性的一大步。

「能取得護照的人就取，盡可能回台灣召開我們的總會，同時展開對被關在牢裏的同志們的支援活動。」這是我的主張。講出來的人就非取得護照不可。「拿中華民國的護照，心情不爽，我不要！」堅持不申請護照的周英明，因無法出席台灣的總會，便辭退了中央委員，只有我開始做準備。

◆黃昭堂夫婦計劃強行歸國

其實，這次台灣獨立聯盟打算在台灣召開總會的背後，還有一個不爲人知的意圖與計劃。

我們的領導人，在日本初期就參與獨立運動的黃昭堂，始終沒有獲得入境許可。即使我們幾個最後留下來的人都已獲得許可，他還是未獲准。

「總要想辦法跟他一起回台灣，一起鼓勵被關在牢裏的政治犯。」

長年以來一同奮鬥、一同勞苦的我們不甘示弱，於是擬定了強行闖關的計劃。

「在日本從事獨立運動的伙伴們，大家一起回台灣吧！」

爲了實現此計劃，只有一個方法。

其手段是搭乘新加坡航空公司經由台北飛往新加坡的班機。我們幾個伙伴購買東京—台北往返的機票，而黃昭堂夫婦則買同一班飛機的東京—新加坡的往返機票。飛機抵達台北時，就是一決勝負的時刻。黃昭堂夫婦也決定一同下機闖關。只要一下機，媒體記者就會聚集，當局便難以拒絕。這是我們的判斷。

一九九二年十月，台灣的國會議員、新聞記者及友人們來日本接我們回去。出發前夕，歸國一行人在我家大集合，忙着做傳單，歸國氣氛一時高漲起來。

歸國的日子終於來臨了。心中雀躍而聚集於成田機場新加坡航空公司櫃台的我們，頗爲緊張。

「要是黃昭堂登機的話，飛機就不准在台北降落。」獲得情報的國民黨政府向新航請求拒載黃昭堂。他們棋高一籌。

「走吧！回去吧！」還在意氣昂揚、陶醉於慶典想像的我們，一瞬間卻被沈重的氣氛所包圍。

「你們到底是不是一個獨立的國家？」我強烈地向新航職員責問。但新航也處於進退兩難的狀況。

「這樣做會帶給其他客人麻煩。」新航的職員很客氣，但一步也不退讓。

結果，整裝待發的黃昭堂夫婦留在成田機場的出境大廳，我們則不得已辦理搭機手續。

◆機場大廳的洶湧人潮

當我們因黃昭堂歸返計劃敗挫而意氣消沈時，即將到達台灣的機內廣播更刺激了我們的神經。

「We will soon arrive at Chiang Kai Shek airport.（我們即將到達蔣介石機場。）」

原本心想，抵達台灣就把過去積累的思念一股腦兒爬伏在大地上大喊：「我回來了！」可是這思念一瞬間萎縮了。這個可憎的名字還冠在台灣門面的機場上！我終於明白周英明不想回來的心情了。

飛機停在機坪上，機內廣播叫我們仍坐着不要動，一個穿軍服的保安隊員進來，一個一個確認。這是對黃昭堂有無在機上做最後的確認。厚厚的烏雲再度籠罩在我們心頭上。

辦完入境手續，走出機場候客廳的瞬間——

黑壓壓的人群擠滿了大廳，甚至室外也有淋着雨的群衆，前來迎接我們。以前在東大取得碩士學位之後，曾在我任校長的日語學校擔任理科教師的青年已回台灣。他邊叫着：「校長！」邊跑過來，在我肩上掛上寫着我名字的肩帶。

這是一趟闊別了三十一年的充滿熱情而感動的歸國之旅。

在台灣島內因獨立運動而受鎮壓迫害、被奪去性命的人們是最大的犧牲者、功勞者和先驅者。另外，還有少數在國外發表島內無法發表的言論，展開獨立運動，因而長期無法返國的人。爆滿的人潮就是對這些人最溫情的慰勞。

說不定一生都無法回到祖國，即使能回來，也要坐輪椅而無法兩腳踩在大地上。——我早已覺悟台灣不花費那麼長的時間是無法達成自由化的。

但秤桿尚未平衡之前，必須背負着秤錘，腳踏實地一步一步地走著長遠路程，因爲時局總會有變化的時候。而今，我突然目睹了秤桿變動的一瞬。

改變台灣的秤桿的最大功勞者，就是李登輝本人。

溫暖和煦的祖國之風

周英明
Syu Eimei

◆因陳水扁當選新總統決心歸國

打開我胸中的心結，而促使我歸國的決定性事態發生了。

那是二〇〇〇年三月，陳水扁當選台灣的新總統。

爲支持陳水扁競選，妻子與伙伴回台灣東奔西跑，我則一個人留在日本，兩眼盯住電視上正播放的總統選舉開票的情形。

眼看陳水扁篤定當選新總統時，司馬遼太郎的《台灣紀行》中的「老台北」蔡焜燦先生打來了電話。

「當選了呀！你不回來不行的。」

「是，我要回去。」不知不覺，眼淚順着臉頰而下。

和李登輝總統一樣，台灣人的總統誕生了。而且這次是標榜獨立的民進黨所推出的新總統，這一瞬間我決定回台灣。

▲闊別四十年的返鄉之旅(在桃園國際機場)。長女麻那(左一)

▲尋訪四十年前的舊居

台灣方面得知我表明「返鄉」，開始歡迎的準備，我在日本申請護照的事務手續已在進行，但總沒有歡喜的心情。

衝鋒躍入敵人陣地的緊張感仍支配著我的心。

不知兩個孩子是否察覺出我的這般心情，當歸國日程接近的某日，他們交給我一個細長的信封。

「爲了慶祝父親回到久別四十年的祖國，請用這個吧。」

女兒和兒子爲我準備了東京—台灣的來回機票，而且是頭等艙。兩人的體貼，眞叫我窩心。

◆入國審查官的臨機應對使人意外

久別四十年的歸國之日，即二〇〇〇年八月二十八日，我們夫婦與女兒乘坐的中華航空飛機靜靜地降落於雨中的台灣大地。

我走向入國審查的關口，擔心的事果然發生了。

自從一九六四年特地去大使館而被沒收了護照以來，「從此與國民黨政府切斷一切關係」，便忘了舊護照號碼和留學以前住家的正確地址。

爲此，日本的代表處說：「姑且發給你新護照，但請在台灣機場商量一下。」

有了這番經緯，我就知道無法順利過關。

「這護照不行。」窗口的審查官說。

剛當上台灣總統府國策顧問的妻子與前來迎接的行政院新聞局的陳樹銘先生，擔心我不會交涉又不得要領，便一起來幫我講話。

「啊！別再來那一套了。」我實在受夠了。

所謂「那一套」，就是中國人官僚作風的狂妄態度。

戰後，政府機關的窗口一定有中國人，對一般庶民大吼「啊！不行！不行」而不予以受理。此刻，我三十五年前的記憶無法突然復甦，護照上的缺陷又無法改善。怎麼辦呢？就這樣又被送回日本嗎？沮喪的思緒襲上心頭。

然而，這次窗口的應對竟不是我最厭惡的狂妄態度。入國審查的負責人員出來，傾聽了我過去的經緯，想了一會兒，意外地說出：

「這護照無疑是不完整的。因此根據入國審查的規定，是不能在不完整的護照上加蓋入境許可的。但考量過去的情形，既然專程歸國，我們可以想想變通辦法。」說罷，就用手寫了一張臨時入境許可書給我。「請用這張入境吧。趕快去市公所查明護照上未塡寫的地方，把它記載上去，就沒問題了呀！」

我好像做了一場夢。沒想到審查人員的對應這麼親切。

台灣確實變了。

如此過關的我跑到區公所，請求調查以前的地址，四十年來我不在期間，做了區劃重整，街名也變更了，從前的地址一時也難找出來。為了查出我過去的住處，職員在堆積如山的泛黃文書中翻找，細心地往前追溯。

我靜待他們的作業，此時，另一位職員還端茶來請我。陳水扁當台北市長時，開始了這項茶水的服務。那種傲慢不可一世、官僚特有的態度已不見了。

過去那種「時時刻刻不可大意，稍微放鬆警戒心，後果不堪設想」而造成人與人之間互相猜疑的社會風氣，已完全烟消雲散了。

隨時隨地都有監視的士兵或憲兵、警察的身影，也從街上消失了。民主化的和風吹來老台灣特有的寬容氣息，令人心曠神怡。

「啊！終於回到懷念的台灣了！」

我使勁張開雙臂，深深地吸了一口氣。

李登輝總統的誕生

金美齡 Kin Birei

◆日本人最大的功勞者是司馬遼太郎

關於台灣，日本眞正非反省不可的，不是戰前的殖民時代，而是戰後對台灣的態度，不是嗎？

戰後，台灣人痛苦於壓迫與恐怖政治的時候，日本支持蔣介石的國民黨政權；一九七二年，又從蔣介石政權跳槽到中國大陸，擅自決定「台灣是中國的一部分」。

當台灣以極爲民主的方式舉行總統大選之際，北京發射飛彈打到台灣海峽，日本卻對北京連一句抗議都不敢吭。

對日本政府這般異常冷漠的態度，日本的媒體和知識份子都未予以批評，而且風行草偃地拱手朝拜中國大陸。

在這股潮流之中，中嶋嶺雄（東京外國語大學校長）與深田祐介（作家）一直與之抗拒，捍衛着台灣的立場。

▲1992年秋，睽違台灣31年的金美齡(中)在艋舺龍山寺演說。

據說中嶋先生主持日本與台灣交互舉辦的「亞洲公開論壇」，邀請研究台灣的專家參加，大家都畏首畏尾。對專研中國問題的中嶋先生而言，被大陸認爲立場「傾向台灣」，日後將成爲他研究之路的一大阻力，是不難想像的，但是中嶋先生並未屈服於大陸的恫嚇。

深田先生也常常訪問台灣，把台灣的眞實面貌或繼續存在於台灣的「日本精神」不斷地介紹出來。在大多數日本人懼於中國大陸臉色的時下，這絕非容易之事。

而最大的功勞者是司馬遼太郎先生，因他所著的《台灣紀行》。

李登輝總統在與司馬遼太郎的對談中，向日本人與尋求獨立的台灣人發出強烈的訊息。

其中，李總統引用「出埃及記」，摩西帶領猶太人從埃及法老王的苛政下逃出埃及的苦難與最後抵達約定之地的描述，自然而然與台灣人的情形重疊起來。

讀到這段文字時，我就確信李登輝先生雖不明言，但無疑是「隱形的獨立派」！於是一九九六年的總統大選時，我身爲獨立派，卻回台灣聲援李登輝且投下一票。同志們罵我是「背叛者」，但我對李登輝隱藏的心志下了賭注。果然如我判斷的，李登輝總統讓自由化、民主化的花朵在台灣盛開。

能夠進入李登輝總統平時不被窺知的內心世界，把他的眞實面貌化作文字公諸於世，司馬遼太郎的功績實不可計量。

◆民族認同隨時代而變化

隨着自由化的進展，台灣國內的台灣人意識也起了變化。明確地意識自己是台灣人的約佔四成，認爲自己是中國人的約佔二成，其餘的人便自認爲既是台灣人也是中國人。

其背景乃因爲曾直接遭遇二二八事件，及緊接着白色恐怖的世代已高齡化，以及受到國民黨政府極力掩飾這場歷史的長年方針的影響吧。

另一方面，在以前，台灣人與中國人通婚是犯忌的，一定要結婚的話，則斷絕親子關係，足見雙方隔閡之深。但最近台灣人與中國人結婚已不稀奇了。

這些夫婦生下來的孩子的民族認同，既有自認爲中國人的孩子，也有自認爲台灣人的孩子，所以不能說結婚就可完全融合。

只是戰後的外省人（中國人）一直支配着台灣。行政院長以下，中央官廳、軍隊、警察、政治人物，以及擁有巨大影響力的媒體，都還被外省人所掌握。

二二八事件與白色恐怖的結果，台灣的優秀人材都走學醫或從商之路，盡量避開參與軍事或政治。其後，事實上，縱使台灣人培育出優秀的人材，也頗難進入官僚或軍、政的核心。

花了長久的時間，經由民主的程序，即使政權已從李登輝總統交給陳水扁總統，但主要官位仍被外省人所佔，因此產生整個行政體系不配合的弊端。

要達成完全的民主化、自由化，還有相當曲折坎坷的路程，但既以無數尊貴的犧牲換取了希望之燈，爲了祖國台灣，我們有守護並發揚這把燈火的使命。

自由的台灣啊，永存不息！

周英明 Syu Eimei

◆勇敢英明的李登輝實現台灣自由化

闊別四十年的歸鄉之旅，有人招待我們到他府上，給我們溫暖的慰勞。這個人就是剛剛卸任不久的台灣總統李登輝先生及曾文惠夫人。

我向初見面的李登輝先生致謝道：

「由於李登輝總統勇敢地推動民主化、自由化的改革，我在有生之年才得以回到台灣來。」

李登輝在司馬遼太郎的《台灣紀行》中，說出「生為台灣人的悲哀」這句話，不是站在大陸系外省人的立場，而是把生為台灣人的本省人的悲哀變成大衆共有的悲哀。他以直率的心情發出這樣的信號。

該書中，李登輝也引用了「出埃及記」（金美齡於前文已述）。衆所周知，這是在法老王的苛政下，摩西把受到虐殺的猶太人帶出埃及，在荒野流浪了將近一百年，而終

▲金美齡、周英明拜訪前總統李登輝伉儷

於抵達了充滿乳與蜜的約定之地。李登輝有一種感覺，就是把自己比成摩西與猶太人。

一九九六年的總統大選之際，受到中國武力攻擊的恫嚇，李登輝對台灣民衆大聲激勵道：「即使飛彈打來，我們也不怕。請大家不要害怕。」

愛讀新渡戶稻造所著《武士道》及佐賀藩士所編有關武士道的專書《葉隱》的李登輝說：「日本人傾注其理想而培養出來的，就是我這種人。」

為了保護台灣的台灣人，李登輝先生早已覺悟拋開自己性命。

又於總統就任典禮前夕，回答美國《新聞週刊》記者說：「我想看到人們獲取民主主義與自由，正如摩西帶領猶太人逃出埃及一樣。」

兼備了深思遠慮、崇高理想與堅定使命感於一身的俊傑之士李登輝先生，上天把他安排在這個時代的台灣，使得台灣大大邁向民主化與自由化。

◆自由與民主主義是甜美的

四十年之後的返鄉，我終於實現了到雙親墳前參拜的願望。雙親臨終前我無法在身邊奉侍，不但一點都沒盡到孝道，而且盡給父母操心。——我在墳前深深謝罪。

但我並不後悔把自己的人生投入台灣的獨立運動。只想到因我而連累了雙親和兄弟姐妹，便感心胸作痛。

比起四十年前我離開台灣時，外省人與土生土長的台灣人之間的對立，確實緩和了許多。

從李登輝到陳水扁，台灣的民主化進展看來很順利，但已嚐到政權之味的外省人，是不會只默默地羨慕而已。

他們虎視眈眈地「一有空隙，就想推翻陳（水扁）政權，自己再回到權力的寶座」的野心，一刻也未忘記，所以台灣的情勢還不可樂觀。

不過，這次親身接觸了故鄉台灣的空氣，強烈感受到台灣已走在「民主程序不可逆」的路上了。

▲周英明在父母墓前懺告長久無法陪侍在側之悔

▲歡迎周英明、金美齡夫妻歸國宴會

台灣在短期之內急速接受了西歐的民主主義與自由主義的洗禮，台灣人已嚐到那甜美的滋味了。只要嚐過那滋味的人，再也無法回到以前的狀態，絕不可把這自由而富裕的台灣交給中國大陸之手。我一邊在心中深深惦念，一邊啓程飛回日本。

第六章 寄語我所愛的日本

超越國與國的界線

周英明
Syu Eimei

◆日本之中的「台灣」小得令人落寞

一九六一年，滿懷大志而降落於自由新天地的日本時，我不禁感到一種迷惑與落寞。那是因爲在台灣看日本與在日本看台灣，兩者的大小實在差太多了。

有一次到澁谷素有「書的百貨公司」之稱的大書店，因在台灣沒有看過這麼大規模的書店，不禁驚嘆「啊，日本眞是了不起呀」。

在台灣，因二二八事件，嚐盡非把自我扼殺就不得生存的辛酸，正值其傷口還未痊癒的時候，所以特別留意「不知日本如何反應或描述台灣的情況？」「這麼大的書店，一定有很多關於台灣的書。」於是就走到專門介紹各國情勢的書區。

我不禁愕然。台灣的相關書籍一本也沒有！

定下心神，再仔細找找，結果好不容易找到一本，卻是《台灣觀光指南》。而且這本書全是介紹一些台灣的娛樂場所、男人的天國什麼的，內容相當低俗。

這到底是怎麼回事呢？——我彷彿猛然被踢了一腳似的震驚。

從台灣看日本的時候，覺得日本是相當親近的存在。國民黨政府的方針是排除日本色彩，那是因爲台灣和台灣人內在的「日本」還繼續存在之故。

無論是眼睛所看到的建築物、榻榻米、紙扉等物質，乃至生活習慣與想法、規範等精神，台灣人的生活中到處都存在着「日本」。

更有不少台灣人的心中，根深蒂固地存在着日本統治時代的美好回憶與對日本的憧憬。

▲與「台灣青年獨立聯盟」之旗同在

然而，在日本找不到台灣，日本人也完全不關心台灣。大概只知道台灣是一個靠近日本的亞熱帶的蕃薯形狀的島嶼而已。至於二二八事件及緊接的白色恐怖等一連串重大事件，幾乎一無所知。

「台灣變成怎樣，台灣人以什麼樣的心情過日子，跟我們日本人毫不相關。」我彷彿被人家這麼一說，心頭完全冷卻下來了。

◆日本人看不到台灣人的感受

跟日本人交談而知道我是來自台灣的留學生時，年長的日本人便會低頭致謝道：「承受蔣介石先生的照顧。」每次踫到這種人，我的心情便很複雜。

他們指的就是戰爭結束後，戰勝國當然有權利向戰敗國的日本索取賠償金，而蔣介石沒有索取。

這就是蔣介石所說的「以德報怨」。

中華民國確實沒有以很明確的形式向日本索取賠償金，但日本在台灣所建設的政府官廳、學校、醫院、工廠、公司，乃至一般日本人的房屋、公園、鐵路、公路、電氣、瓦斯、上下水道等硬體建設，所有一切都不得不放棄。

而把這所有的一切都佔爲己有的，就是以蔣介石爲首的國民黨政府。與其向一窮二白的戰敗國日本搾取金錢，不如於一夜之間獲取更大的寶物。

雖說是戰敗國的國民之宿命，但當時放棄所有財產而「僅穿着身上的衣服」歸國的同胞們的痛苦，如今卻一付事不關己的日本人的這種態度，令我不能不覺得奇怪。

另一方面，阿諛時勢而傾向於大陸中國抱持「小小台灣能幹什麼」想法的日本人也不在少數。讚美「毛澤東萬歲！」「文化大革命萬歲！」的中華人民共和國，直接地反映了日本媒體的立場。

的確日本與台灣已斷絕邦交，中央政府的科長以上者不得以官方身分訪問台灣。在形式上，台灣人已被遺棄了……。

但是，我要對這樣的日本人一個一個地呼籲道：「請等一下。請稍微思考一下。爲什麼中國大陸出現那麼多日本孤兒，而台灣卻一個也沒有？請冷靜想想吧。」

然而，日本國內有一種奇妙的論調：「中國養育了日本人的孩子。有大恩。感謝之至。」

有誰願意把自己親生的可愛孩子棄置於今生今世永別的異國？即使失去所有的一切，最後也要兩手抱着孩子而奔回祖國日本。這不是人之常情嗎？

假若台灣也像中國人那樣的強行掠奪，爲求勞動力而以少量的糧食衣物強迫換取孩子，則今日的日本人必也會感謝「台灣有大恩」吧。

事實上，在台灣的終戰混亂中，許多日本人都是接受「等安定之後，請再來台灣玩吧。」的歡送中而歸國的。

這些正是受到日本五十年統治的台灣人！其後，即使在蔣介石國民黨政府的苛政下呻吟，仍不忘對日本的欽慕之念。而日本人卻早忘了這些人，不是嗎？

◆手牽手珍惜民族的感情

日本商社的中國駐在員常常吐露眞心聲說：「一來到台灣，全身的筋肉就輕鬆，好像回到日本的感覺。在中國時，每天都神經緊張而不敢粗心大意。」

我也常常出席國際人士的聚會，同屬於亞洲的日本人和韓國人、朝鮮人、中國人同席的時候，就可感受到某種緊張的空氣瞬間瀰漫過來。

但不可思議的是，日本人與台灣人之間，就不覺得有那樣的緊張感，而充滿着非常輕鬆愉快的氣氛。

這裏面，不就是因爲兩個民族的想法、價値觀、感覺等各方面，有很多共通之處的緣故嗎？

從「反日」「厭日」的觀點而言，要翻箱倒櫃找出日本人的缺點的話，曾受日本統治半世紀之久的台灣，應該可以比韓國人列出更多的非難。但是台灣人比日本人更健忘，不喜歡與人敵對、警戒，反而有着以強烈的親近感去待人的習性。這一點日本人與台灣人是很類似的。

很遺憾的是，由於政治上的運作，日本與台灣不得不維持表面上彼此漠視的關係。官員也得在公開場合保持距離，才不會影響他的升遷。

然而，現今時代已不再拘泥於此了。必須先有外交承認、交換外交使節的形式，然後才能交往的時代已漸成歷史雲煙了。

國民與國民之間，保持彼此的和睦，互相來往、交談，加強學術、文化、資訊、技術的交流，不就足夠了嗎？

政治是隨後而來的關係。拆除民族與民族，個人與個人之間的圍牆，心意相連在一起，無疑是勝過一切的寶物。

日本須有「日本精神」

金美齡 Kin Birei

◆承繼美德，凜然之美

台灣有一句話叫「日本精神」（台語）。

戰後，對國民黨政府的滿腹憤懣以及在恐怖政治之下，台灣人愈看到現實的醜惡，就愈懷念過去日本統治的半世紀，把無處可洩的心境轉移到「過去而美好的時代」。

「佩帶長刀的巡查先生雖人見人怕，但處事相當公平的呢。」

「由於小學老師的熱心指導，我才能進入師範學校。戰後回到日本的老師，不知還健在否？」

「感謝日本工程師八田與一先生興建了水庫，使得稻米一年可作收兩次。」

等等不勝枚舉的台灣人對日本統治時代的懷念，一切都濃縮於「日本精神」一語。那裏面包含着淸潔、公正、誠實、勤勉、信賴、責任感、遵守規律、奉公無私等意味。

這句「日本精神」既不是誰意圖製造出來的，也不是電視等媒體人爲的宣傳。不知

▲參加「北野武TV」娛樂節目

不覺之間，這句話已在台灣全島的每個角落流傳着。台灣人聚在一起談話，只要有一個人說出「日本精神」這句話，其他人即可理解其意思。正因爲背後有某種實質的證據，才有可能互相傳達意志與感情。

更有趣的是，後來這句「日本精神」脫離了對日本的思念和評價，而轉化成一般性的意義。比如，指着台灣人說：「那個人有日本精神啦」，就是意味着那個人很認眞、正直但有點固執。

又如老闆不會說日語，也不認識日本人，但說他是「用日本精神在經營」，就令人聯想這是重信用、不欺騙的踏實的經營手法。

而與此相反的是「中國式」一語。給人不公正、不負責任、欺瞞的、金錢至上等負面印象，所以台灣人多半抱以輕蔑而使用它。

但是，看到最近的日本人，並沒有承繼這個古老優良的美德與傳統，實令人憂心。他們認爲那是陳腐的東西，也沒有確立什麼新的價值。

我愈來愈感受不到，失去了「唯此堅持不讓」之確實價値觀、人生觀及哲學信念的日本人，原有貫徹始終的凜然之美了。

對過去日本人擁有的美德給予高度評價，而進一步找出現在的欠缺之處，儘可能地加以學習，不正是現在該做的嗎？

過去，當台灣在失望的黑暗中爲了找尋光明而講出「日本精神」的時候，那絕不是幻影。但現代日本人的欺弱媚強、金錢萬能的生存方式若不改變，則不久的將來「日本精神」將淪爲一則傳說。現在，日本人應該追求的原點就是「日本精神」。

◆建構培養社會菁英的體系

戰後五十年，日本在經濟方面成爲世界首屈一指的經濟大國；但其他方面則由於美國所舖設的佔領政策爲種子，而結出共產主義理念，導致失敗的結果。

舉一個實例，那就是惡性平等主義的蔓延。

美國爲了不讓日本再度崛起，便引進徹底的平等主義教育，廢止了所謂的「數字學校」（如第一高校、第二高校等），改造成認爲「菁英是惡」的「結果平等」主義社會。

加上美濃部亮吉當東京都知事時行使其權限，於都立高校中實施學校群制度，一夜之間破壞了培育菁英的環境。

其實任何國家的社會，任何時代都需要菁英。

過去日本有培育菁英的土壤，只要克己心強又比人加倍努力用功，就可堂堂成爲社會的菁英。社會也會對菁英份子的努力與優秀給予正面的評價，表示羨慕與敬意。

如今又如何呢？大家一味強調本來就不可能的「結果平等」，大發虛妄的理想高論。結果面對的是，不平等的現實。這一來，不以自己的努力之不足爲恥，反而對努力而獲得榮光的人產生嫉妒心與扭曲的氣性。於是，人就變得卑鄙。

每個人各有其差別與適應力，順其適應力而教育才是正途。

能成爲菁英的人，讓他拚命用功，加倍努力。把我們的幸福寄託在那個人的成功，我們一邊給他加油，一邊做着普通的人認眞過日子，不就好了嗎？

雖然是少數，但也正因爲社會上有傑出的天才和菁英，以及大多數的普通人，整個社會才會恰到好處地運轉起來。

我對自己的孩子們說：「你們若有特殊才能，繼續研究以貢獻世人的話，我們做父母的，一定盡力支援。但若未具備才能，則只好默默地工作。」

日本難道不應該趕快重整培植眞正菁英的社會環境嗎？

◆日本啊，做個像樣的亞洲領導者！

長年以來，台灣以「趕上日本」爲口號，無論在經濟面或社會面，都以日本爲模範而一路走來。

但最近看到一蹶不振的日本，台灣既擔心又躊躇不前。這樣的狀況，不僅是台灣，也給其他亞洲國家帶來嚴重的不安。

亞洲各國都期待着日本做爲亞洲的領導者，隨時秉持信心聳然而立。日本居於領導地位，可維繫亞洲地區的全體幸福。

因爲日本人的民族性中擁有傳統性的道德的遺產；加上這半世紀以來，實現了自由民主的社會，可謂具有歷史的實際成果。

尤其最重要的是，日本是一個沒有領土野心的主權國家。這樣的國家若能發揮領導者的精神，則發展中的國家或再進一步就可成爲先進國的亞洲各國，皆可安心地以日本爲模範跟進；萬一有什麼事，也可仰賴其協助而不必擔心後果。

特別是台灣，已過了發展途中的階段，但比起日本，力量還很小；既有霸權主義國家爲鄰，苦惱於國內外諸多問題，無法擔當亞洲掌舵人的責任。

該是日本自覺負起亞洲領導者的使命，認眞思考如何盡其責任的時候了。

【資料】台灣人留學生的「人之條件」

台灣人留學生的「人之條件」

⊙金美齡（早稻田大學博士班在學中）

◆狂風暴雨中時光也會流逝

五月五日，黃金假期的最後一天，天氣晴朗。「多摩動物園」的上空，是平時在新宿看不到的格外湛藍。今年兩歲的麻那與一歲的士甫，他們蹦蹦跳跳好高興的樣子。

這個兒童節的日子，對動物園而言，我們一家人無疑是最普遍的典型客人。任誰看我們，既看不出比別人多什麼，也看不出比別人少什麼。——我突變想像着回家的電車上孩子大概會睡着，而疲憊至極的丈夫抱着孩子那種甚爲漫畫性的姿態，心中怡然自得；但又覺得自己有這樣的意識是很奇怪的。

是啦，別想那麼多吧。我只要今天一天能成爲幸福的母親就好，麻那與士甫玩得那麼高興。

「明天要能這麼晴朗多好。」餵孩子吃冰淇淋的丈夫說道。

明天預定去法務省周邊遊行示威，抗議日本強制遣送台灣留學生歸國之事。每次我們都把孩子一起帶去。

對兩個孩子而言，遊行示威一點也不稀奇。要從長女還在肚子裏算起的話，該已將近十次了吧。丈夫打趣道：大概胎教過於有效，造成這孩子的性格比別人好強。我們也知道把孩子帶到人群中並非健全之策，但沒人看家只好帶他們出來。

今天我是帶孩子來動物園的母親；昨天我是早稻田大學博士班的學生，在課堂上寫筆記；一個星期的其他日子，我在都內的兩所女子大學擔任講師，站在教壇上教英文。再追遡過去數年以來，我身為台灣青年獨立聯盟的中央委員，進行活動。我很珍惜自己生活中的這幾個角色。母親、學生、教師、政治運動者，我很盡力地扮演好每個角色。

屬於同一個政治團體的中央委員，同樣在大學做研究的丈夫與我，每天都過着各走各的、難得喘一口氣的緊張生活。但我自願選擇這條路。因為我相信唯有這樣做，對處於今日之狀況的我而言，才不會覺得自己可恥，而且可以堂堂昂首地活下去。

如下面我會敍述，我們真是處於「連明天都不知道」的狀況中。才三十多歲的我們不但已寫好了遺書，而且經常要考慮突發情況下的死法，乃至孩子的善後處理方法。但如同莎士比亞所說，「狂風暴雨中時光也會流逝」，即使置身於極限的狀況中，只要有生命，人總要活下去。而我不僅僅要活下去，還要自覺地使自己的生命更具活力。

◆自由誠可責

九年前，我來日本留學。我離開時，故鄉台灣是在蔣政權的獨裁之下，別說思想、言論的自由，就連選舉也沒有，生活在長期戒嚴令下的「自由中國」。約有一千萬的台灣同胞，遭受拿着武器從中國大陸逃來的二百萬中國人的殖民式統治。軍隊、憲兵、警察、秘密特務機關與重重密佈的鎮壓機構，日夜伸出觸角在搜捕反抗專制的台灣人。造成大約五萬名台灣人被殺的一九四七年二二八革命以來，每年都有大量的台灣人流血犧牲。

我畢業於台北的高中之後，服務於某民間團體，除了有些好玩的本性之外，是極為普通的女職員。高中時代不愛讀書，只想着早點脫下制服而能打扮得漂漂亮亮多好。關於台灣的政治之虛偽、不公不義以及恐怖，當然知道很多，但只是感覺強烈的不快感而已，並沒有從政治意識的層面去思考。只要跟男朋友們適度的遊玩，在那樣的社會中，也可充分享受青春之樂。

把那樣的我從一個「女孩子」改變成「有自覺的女性」的契機，是日本留學。不知何時，我開始對只憑年輕享樂的自己感到不安，感到某種未被填滿的感覺。於是在還不知道自己追求的是什麼的狀況下，加上一心想逃出沈悶的台灣，便來到日本了。

一九五九年三月來到東京的我，馬上報考早稻田大學，考上英文系。隨着時光流逝，我發現了自己處於極端的孤獨之中。這並不是說我沒有朋友——我生來愛熱鬧、愛與人打交道，所以不難於日本人之間交到許多知心朋友。再說這孤獨感顯然也不是留學生常有的思鄉病。

我的孤獨感隨着自我發現、自由意識而萌芽成長。一個人在國外雖沒有人給我家族的愛情與保護，但同時也遠離了束縛我、威脅我的社會。除了自己之外，沒有人指導我。我覺得有生以來第一次當了自己的主人。

我從一切愛憎的羈絆與社會的約束解放出來，本質上體會到人的自由感。但那自由感是隨着對自己強烈的責任感而出現。眞正想得到自由的人，必須對自己的行爲負起責任。不想被人干涉、拘束的話，就不要依賴別人、拜訪別人。要自由就要負責任，要忍耐孤獨。我感到自己漸漸從「女孩子」蛻變成大人。

◆人人皆有「心的祖國」

我忽然變得能夠了解事物的本質了。人以及由人構成的社會中，什麼是眞實的，什麼是虛僞的？什麼是本質性的，什麼是次要的？什麼是眞正重要的，什麼是可有可無的？判斷這些問題的基準，在我的內心已明顯地成形了。任何事物非探究其終極的眞髓、非追遡其根源的本質，則無法評價。我成了這麼執着的急進主義者。

我不再順從一般人所謂的常識或道德。這需要很大的勇氣。尤其是女性——被認爲乖乖順從「良風美俗」就是一種美德。

我之所以一頭栽進台灣獨立運動，就我對人與社會的這種認識而言，無論感覺上或理論上，都是極爲當然的結果。但是，這裏不是沒有矛盾。

革命或政治運動本來就與我的性格不合。政治這東西不可避免地帶着愚蠢與俗氣。對我而言，當中有很多感覺上難以忍受的要素。一方面，年輕時代愛玩的個性還原原本本留在我身上，歐洲的歌劇團來了，我就徹夜排隊買票；每當新作品上演，各方劇團就寄說明書給我；而且我愛吃東西也愛打扮。總之，我是一個想盡情享受人生的人。

支撐這個矛盾的，是靠兩種心情：一個是對同胞之愛與義務感；另一個是想要忠實於自己的「內在感覺」。

我同胞的淒慘、悲哀、卑屈畏縮的精神狀態——常有日本人以讚美的口吻說道：「你們台灣人跟朝鮮人不同，非常溫和。」每聽到這句話，我心情就很複雜。

並不是這樣的！朝鮮人有他們**自己的國家**！跟實際上是殖民地的台灣人，其存在的形式有根本上的差異。在地球上擁有自己牢固的立足點與否，其做人的態度就會不同，信心也會不同。過去像羔羊似溫和地被送進奧斯威辛的瓦斯毒氣室的數百萬猶太人，和獨眼龍陀揚將軍充滿信心的精悍風貌相比，就很明顯吧。他們同是猶太民族呢。

現在，所謂唯一「不溫和」的台灣人，就是以台灣青年獨立聯盟為首，活躍於世界各地的台灣獨立運動者。他們有「心的祖國」。自從拒當中國的殖民地人而確立了「心的祖國」的瞬間，他們就找回過去被埋沒的自己，感到生命的充實感；萎縮的精神驟然膨脹，充滿憤怒而開始猛力鼓動起來，宛如新的世界展現於眼前那般美妙。那是我們的祖先幾代以來從未嚐過的解放感。

我所謂的「內在感覺」，就是指這個。

◆丈夫・孩子・同志們

誠實地表現自己的感覺與願望，而忠實地付諸行動時，才是人最像個人的時候。我無法背叛自己渴望台灣獨立的感覺而活下去。高興的時候就樂，奇怪的時候就笑，悲傷的時候就哭，而生氣的時候就當面發怒，我要做這樣的人而活下去。叫我做一個我所厭惡的國家的國民，等於剝奪我做一個人的自律性——我不是我，而是他人借我的身體住進來而已。只因我是台灣人，我才有眞正的生命。做為台灣獨立運動者，對我而言，這就是「人之條件」。

貫徹這樣的自我，我活到了今天。四年前，我認識了一位很理解我的人生態度的男性，並和他結了婚。訂婚之後，才發覺兩人都是台灣青年獨立聯盟的秘密盟員。像是偶然，其實也是必然的。想來也很奇怪。專攻工學的丈夫與我不同，是個性格溫和的人；但在憎惡不正這一點，則不輸於我，激烈得很。

也許我們不該生孩子。可是我爲了做爲百分之百的女人而完整無缺地生活，心想生育孩子是不可欠缺的。很順利地我生了一女一男。兩個孩子的性格都很激烈，反抗心強。「爭不過他們」，丈夫搖頭道，其實心中暗喜。

結婚四年，丈夫取得學位而任了教職。但我們生活的基調沒有任何變化——唯一例外的是，日本政府對我們的壓迫漸漸露骨。

原先我們於四年多前被國府大使館剝奪了護照。蔣政權在警察權直接涉及不到的日本，恐嚇獨立運動者最有效的手段是吊銷護照（就我們的心情來說，很想主動送還）；其次是勾結日本的入國管理局，把獨立運動者強制遣送回台。國府答應接受被收容於日本國內的台灣吸毒患者做爲報酬。

這個可恥的第一梯次交易，就是去年八月的「張・林強制遣送事件」。這時候，東京地方法院根據「政治犯不引渡」的國際慣例，命令停止執行。我們的同志張、林兩位遂在遣送前夕保住了生命。接着今年二月，在夏威夷的「東西文化中心」研究而於去年八月來日本的陳玉璽成了這次交易的犧牲品。他曾於夏威夷參加反對越戰的示威遊行，在日本的觀光簽證期滿後，被入國管理局傳喚而逮捕，次日，突然用飛機把他送回台灣。陳君現在被關於台北的軍事監獄中。他在東京租賃的公寓裏，所有東西都原般未動；在台灣的雙親擔心斷絕音訊的兒子之安危，連日寄來落空的家書。

◆我們不是狗和貓

入國管理局的手就是這樣逐漸伸近我們。

三月二十七日凌晨二時許，我站在澁谷松濤的岸信介前首相的門前，全身痙攣似地發抖。三月的夜風還很冷，但發抖不是因爲冷。我以祈禱的心情連按了門鈴。

前天下午四時，我們的同志、中央委員的柳文卿遭入管局傳喚，當場被捕，次日（二十七日）上午九時半的飛機要把他遣送台灣。他沒做任何壞事。只因以學生簽證來日本，學校（教育大學碩士班）畢業後，便不許繼續居留。

他來日本後，五年來一直參加獨立運動，是我們的重要幹部之一。去年張、林事件時，法院既已裁決政治逃亡者不遣送，但此次黃昏逮捕翌晨遣送的措置，連上訴的機會都沒有。這是故意避開法院的審判而設計的卑劣手法。

去年夏天，安心返鄉台灣的兩位東大留學生劉佳欽與顏尹謨，科以在日本有反政府的言論之罪，被判死刑。柳文卿若被遣送，則無疑是極刑。可是這深夜之中，法院已在沈睡中。我發抖、流淚。再一次按了電鈴。

過去，岸前首相訪台時，我擔任他的翻譯，這事當然已被忘了吧。但是事關一個人的生命的此刻，這不是問題。他們有能力救出柳文卿。按門鈴的手凍僵了。只剩六個小時。可憐的柳文卿，他到底對日本做了什麼壞事呢？

奇蹟終於沒有出現。在門前站了一個多小時的我，悄然離去。眼淚一直不止。

六小時後，在羽田機場咬舌企圖自殺，滿臉是血的柳文卿被穿制服的警衛抓住手腳，抬進蔣經國經營的CAL飛機。他最後喊出「獨立青年萬歲！」的叫聲，徒然消失於空中。他連跟妻子道別的機會都沒有。

柳文卿的遭遇，就是我們等待着的命運。今年三月，丈夫畢業於大學院。和柳君的情形一樣，入管局可以「已畢業於學校」爲由，拒絕丈夫的居留而突然逮捕遣送。與丈夫同一居留條件的我，當然也包括在內。

我所尊敬的大學教授批評日本政府的這種行爲是「捕狗的做法」。過去西德的韓國留學生二十五人，被韓國秘密警察秘密遣送本國，西德政府正式對韓國政府發出抗議。然而日本政府卻反而與國府特務機關共謀，把政治逃亡者送上死刑台。我又想起瑞典准許從越南脫逃的美國兵入境的事。瑞典正是以世界第一強國的美國爲對手，堅守基本人權而不退讓的國家。每個國家都有自己的國格，不是取決於能生產幾台機車或電晶體收音機。

入管局對我上述的控訴，會這樣回答：「不必妳操心，柳文卿的生命安全、身體自由，國府大使館會保障的。請放心！」

去年夏天，不也一樣勸導說國府大使館對劉、顏兩人會保障他們的安全與自由，請放心歸省吧。結果兩人都遭逮捕。二十多年來，在新憲法下生活的日本人無法想像國府的拷問、對家族的壓迫、秘密處刑的實際情況，那是無法用言語形容的。如果柳君能平安過日子的話，那表示柳君忍受不了拷問而把獨立運動的秘密全盤供出，不然就是因爲日本的媒體把柳君的事件大加報導，使國府暫時施恩給人看。我只能這樣想。

再說柳君被強制遣送的早上，法院打電話去羽田機場，指示須等法院的裁定；可是入管局佯裝不知，意圖把他送上早班的飛機，怎樣猜想這都是無法辯白的暗盤交易。

把我們當成小狗或小貓般隨心所欲地「拋棄」或「領回」的國家權力，對人類而言，到底是什麼？對我們而言，日本算是法治國家嗎？日本拒絕我們的居留，是日本的自由；但是我們也有在世界上求生存的權利。不要把人當傻瓜！

「我們是遣送名單的第幾號呢？」

最近，丈夫和我常有這樣的對話。我們已做了萬一情況的覺悟。我們要堅持到最後，做爲一個有尊嚴的人，堂堂地結束一生。短暫也罷，對我而言，去做想做的事，而不想做的事，絕對不做，一生無悔無恨。

然而，日本的朋友們，政治犯不引渡的原則被國府與你們的政府暗中勾結而摧殘無遺，此一事實請勿視而不見。跟大家一樣，我們只要住在日本一天，難道不就應受日本法律的保護嗎？

（發表於一九六八年《婦人公論》七月號）

後記

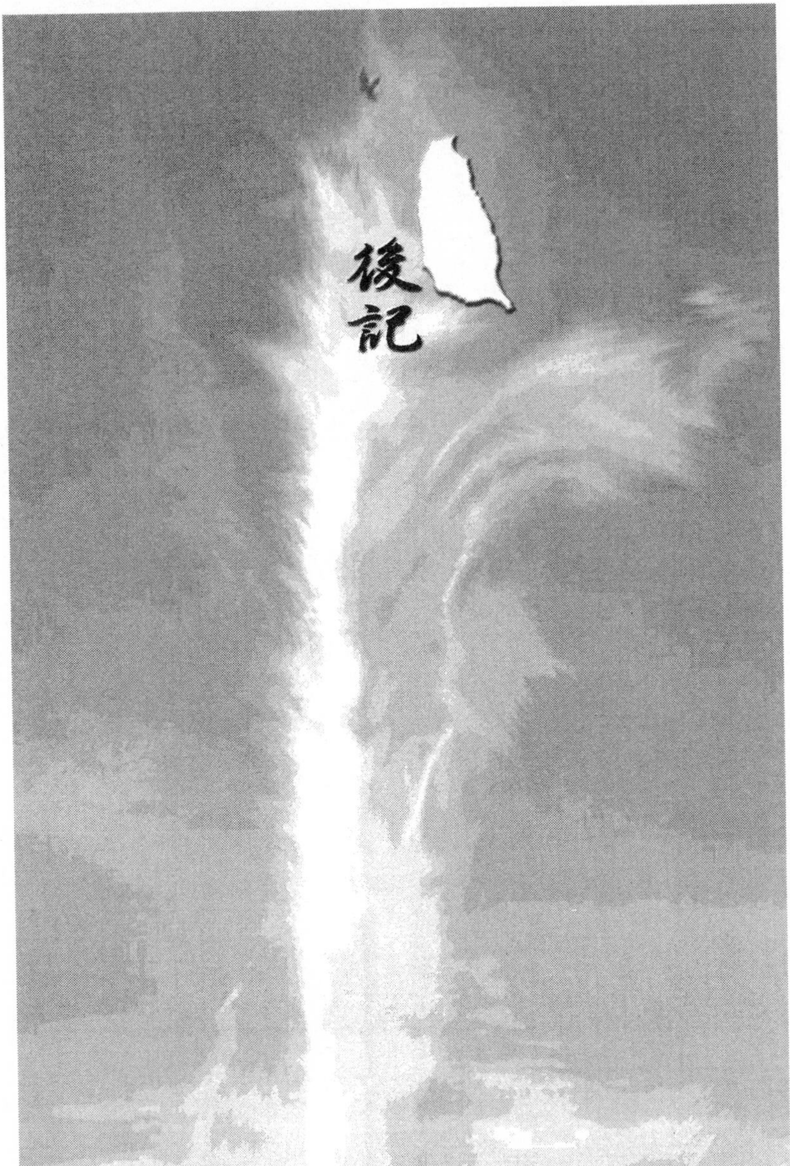

後記——狂風暴雨中，時光也會流逝

迎接二十一世紀的第一個新年，我住日本前後共四十三年，大約是我迄今人生的三分之二。只憑年輕而莽撞地跳出台灣，做夢也沒想到會滯留日本這麼久。何況把在台灣非覺悟一死的獨立運動當做畢生的志業……。

當初來日本的計劃是在早稻田大學讀了英文之後，再去美國攻讀新聞學，然後找個相關職業而且自立生活。結婚或家庭之事，幾乎不在考慮之內；即使有那麼一天，我想那也是很遙遠的事。

事出意外。猛然一醒，我已成爲最先鋒的獨立運動組織的第一號女性黨員，被剝奪護照，淪落爲無處寄身的無根之草；況且又成爲兩個孩子的母親。眞的是在捉摸不定中發生的事。

當初的人生計劃全盤錯亂的原因，是碰到在台灣只聽傳聞而不見影蹤的「台灣獨立運動」，同時另一個原因是碰到周英明這個男人。兩者的碰面都是偶然的，但其後的進展卻是必然的。

▲在住家附近的花店前

當然，跳進獨立運動是我自己的決定；和明知是獨立運動者的周英明結婚，也是我自己的抉擇。但若仔細想想我所背負的台灣社會及其歷史、環繞於此壓迫性的政治狀況，加上生來喜怒哀樂分明激烈的性格，早在四十三年前，當我一腳踏進日本的時刻，即已決定了我在自由國度的日本會過怎樣的人生了吧。

這種想法對周英明而言也是一樣的。他常這麼說：

「很難想像在日本而不搞獨立運動會是怎樣的人生。這命運早已安排了。」

我們兩個人的人生眞是比什麼都忙碌。無論從事獨立運動、讀書、生活，兩人都很積極進取。我顧不得虛榮也顧不得體面，大腹便便地通學於早稻田大學的校園然後牽着兩個小孩去示威遊行；家計則與周英明分擔翻譯工作來支撑，但賺來的錢有時還充當運動的資金。

周英明修畢研究所博士課程而謀得大學講師的一九六八年三月，發生了我們組織的幹部柳文卿被強制遣送的事件。

其前一天，柳君被入國管理局叫去，當場被收押，決定翌晨要遣送台灣。（後來才知道這事件的背後有入管局與蔣政權之間的密約，把過去蔣政權拒收的毒品犯做交換條件，同時遣還獨立運動者。）

接到柳君的保證人打來的緊急聯絡，我們想着如果能延遲他搭乘明朝九時半的華航班機，則於那段時間，有可能請東京地方法院發出停止執行令。遂計劃阻止從入管局護送柳君到羽田的警車。

「阻止」的方法，就是用別的車去撞警車造成交通事故。入管局的收容所分別是橫濱與品川兩地方，所以我們的伙伴中的六人，三人各乘兩部車子，開往收容所，其餘的人都到羽田機場的迎送走道去待機。

周英明坐上開往橫濱的車子。爲了減少撞車時的衝力，身上穿了幾層的毛衣，外面還披了厚大衣。

「沒問題啦。因爲有撞擊的覺悟，頂多斷一條腿吧。」他逞強地說。

我以複雜的心情送他出門。後來聽說去品川的另一部車上，有一個人留下遺言叫他的妻子改嫁。這是津田塾大學名譽教授許世楷年輕時候的插曲。

結果兩部車子都無法在途中攔截警車，被扣上手銬的柳君被拉到羽田機場的飛機的舷梯下。這時在迎送走道待機的伙伴便紛紛跳下，衝向舷梯，有一個人緊緊抱住柳君的兩腳。於是開始一場與機場警察格鬥的場面，十個同志以妨害公務執行的現行犯被逮捕。

「台灣獨立萬歲！」

大叫聲中，咬了舌頭，口中噴血的柳君終被拉入機內。中華航空飛機消失於南方的

▲1968年3月，日本強行遣送柳文卿回台，獨盟成員冒險拯救。

天空。

這是台灣人被強制遣送事件的第四件。首先是呂君於收容所自殺，其次是千鈞一髮之際，因東京地方法院的停止執行令而獲救的張君與林君。與柳君同樣的命運，不知幾時會發生在我們倆身上。

「我們是遣送名單的第幾號？」

提及此事，兩人皆感日子暗澹。我們考慮萬一的時候怎麼死法，還找了願意領養兩個孩子的人。關於這段事情，我曾發表於一九六八年的《婦人公論》（中央公論社），今將此文做爲資料收入本書。

想來可是黑暗而長久的歲月。但我認爲，人生在世就應該活得充足。所以我結婚當了母親，在學校快樂地用功，交了許多朋友，當了熱衷教育的母親，也在杏壇教書，有時也跟論敵激烈交戰。

狂風暴雨中，暫借日本籬下的我的人生，倘若什麼都不幹而僅等待暴風雨過境，我的人生將無為而終。是的，「狂風暴雨中，時光也會流逝」，所以非珍惜人生的每一時刻不可。

長而黑暗的隧道的前方，已可以微微看到出口的一線光明。有生之年不知能否抵達那裏，但與周英明「心手相連」走來的這段人生，如今想來卻無限美好。

最後謹向極力勸我們把身經百戰又曲折的人生化成文字的扶桑社眞部榮一先生，以及把原稿善加歸納的櫻井裕子小姐，由衷表示謝忱。

二〇〇〇年十一月二十三日　金美齡

金美齡・周英明年譜及台灣內外情勢

西曆	元號	金美齡	周英明	台灣內外情勢
一九三三	昭和8		7月30日誕生於北九州市。	
一九三四	昭和9	2月7日誕生於台北。		
一九三七	昭和12			7月7日支那事變(中日戰爭爆發)
一九四一	昭和16	隨父親移居日本大阪		12月8日，日本攻擊珍珠灣，對美英宣戰。
一九四三	昭和18	從日本大阪回台，小學(四年級)		
一九四五	昭和20			8月15日，大東亞戰爭結束，日本戰敗而放棄台灣領有權。中華民國進行國共內戰。
一九四六	昭和21		2月，隨父母返台(小學六年級)。考入高雄中學。	
一九四七	昭和22	9月，考入台北第一女子中學。		2月27日、二二八事件爆發。3月8月，陳儀的援軍登陸台灣，展

				開了台灣全土的大屠殺。
一九四八	昭和23			5月，蔣介石就任中華民國總統。
一九四九	昭和24			12月，蔣介石國民政府敗於國共內戰，遷往台灣。
一九五一	昭和26			白色恐怖(至一九五二年止)。
一九五二	昭和27		9月考入台灣大學，同時由高雄遷移台北。	4月，日華和平條約簽約。
一九五三	昭和28	台北第一高等女中畢業，就職於國際學舍。		
一九五六	昭和31		7月，台大畢業。服兵役(一年半，空軍少尉)。	
一九五七	昭和32		任台大助教。	
一九五八	昭和33			8月23日至10月24日金門砲戰。
一九五九	昭和34	4月，留學早稻田大學第一文學部外文系。		
一九六〇	昭和35			《台灣青年》創刊於日本東京。
一九六一	昭和36		4月，留學東京大學大學院碩士班(公費留學生)	
一九六三	昭和38	4月，考入大學院碩士班。任台灣稻門會第一屆總幹事。		

一九六四	昭和39	3月3日，與周英明結婚	考入大學院博士班。護照被沒收。	
一九六五	昭和40	長女麻那誕生。護照到期同時廢棄。		
一九六六	昭和41	長子士甫誕生。		
一九六八	昭和43	考入早稻田大學博士班	3月，東京大學大學院博士課程修了。4月，任東京理科大學兼任講師。	
一九六九	昭和44		昇任東京理科大學專任副教授。	
一九七一	昭和46	早稻田大學博士課程修了		10月，中華民國退出聯合國。
一九七二	昭和47			9月，日中建交，日華斷交。
一九七五	昭和50	以客座研究員身份留學劍橋大學（至七六年）		
一九七六	昭和51	紀念美國建國二百年赴美國巡迴演講，共二十數市鎮。		4月，蔣介石總統去世。
一九七八	昭和53			5月，蔣經國就任國民黨總統。
一九七九	昭和54			1月，美中建交，美華斷交。
一九八二	昭和57		取得永住權。昇任東京理科	

			大學教授。	
一九八七	昭和62			7月，解除長達三十八年之戒嚴令。
一九八八	昭和63	就任JET日本語學校校長。		1月，李登輝因蔣經國之去世而就任總統。
一九九〇	平成2			李登輝當選總統。
一九九一	平成3			國民黨宣布內戰結束。
一九九二	平成4	重回闊別三十一年的台灣	從黑名單上除名。	
一九九六	平成8			3月，李登輝當選首次直接選舉之總統。
二〇〇〇	平成12		8月28日，重返闊別四十年之故鄉。	3月，陳水扁(民進黨)當選總統。

譯後記

⊙張良澤

能被金美齡指定翻譯她夫婦倆著作的人，全世界恐怕沒有幾個人吧？而我，可能是這幾個人當中最幸運的一人。

台灣人能雙通中、日文的，多如恆河沙數；可是大概沒有人敢跟金美齡比。所以當我被指名時，我的驕傲勝過了被她指責誤譯的恐懼。

我戰戰兢兢地逐句揣摩，字字推敲。我發現在周、金兩前輩的精簡、洗練的文字背後，隱含着多少哲理，擁抱着多少對台灣的愛。

我無法用同樣精簡、洗練的中文來表達他倆在日文中的深遠意境，可是我卻能置身於他倆的世界，共同呼吸，共同愛憎。

算年齡，我僅比他倆少數歲而已，可是跟他們在一起時，總覺自己幼稚得很。而今，譯完此書，頓覺自己成長了許多。

同時，在這一對無論專門學術或一般教養，乃至氣質、道德、勇氣各方面都堪稱台灣人典範的夫婦面前，我覺得自己做了一次贖罪的工。

二〇〇一年六月一日譯竣於八王子市

附錄

台灣人與中國人不同之處

民族的區分不在血統而在精神，
台灣獨立派夫妻四十年來所見所聞的日台「兩個祖國」。

⊙金美齡
⊙周英明

周：去年，隔了四十年再度踏上故鄉台灣的土地，拜訪了思念的母校高雄中學，正巧是下課時間，學生陸續地走出校門。仔細一瞧，怎麼有女生呢？我在校當時是男子學校，所以令我吃一驚。我們的時代沒有男女共校，實在可惜。（一笑）

金：我的母校還是女子學校。（一笑）

周：因爲妳的母校是台灣首屈一指的名門女子學校嘛……。當我看見後進的學弟學妹整齊地穿着白襯衫、黑褲子或黑裙子的制服，提着黑色書包踏實地走過來時，望著他們的表情，令我激動地想到：「這些孩子就是五十年前的我啊。」

瞧瞧穿着變樣的制服而徬徨在澁谷的日本高中生，男孩女孩都是一副懶散的樣子。比較之下，我的學弟學妹們雖土氣些，卻都有凜凜風姿。台灣的年輕人都還紮實，實在可喜啊。

金：我也於兩年前訪問過母校，還記得令我感懷激動的事。

當我在校園參觀軍樂隊的練習時，突然下起雷陣雨。可是，她們沒把下個不停的雨當一回事，仍一絲不亂地繼續練習。待指揮的女學生登上升旗台，一聲口令：「練習暫停，往室內體育館移動。」大家才停止練習往體育館衝去。團體行動的規律與秩序，在台灣還保留着呢。

周：我也感覺到台灣還保留着傳統的價值觀與教育觀。

努力用功考進好大學。考進好大學再繼續努力，爭取獎學金留學外國。透過教育培養能力，再將能力發揮於社會，認眞工作。即使現在，我也認爲這樣的價值觀是正確的。

不過，二次大戰後的日本卻視爲陳腐而排除它。

在日本要是努力用功讀書，只會被說成「死讀書」或「拿分數的讀書蟲」，不會被說什麼好話的。況且還誇大其詞說什麼「升學戰爭」或「升學地獄」。我不認爲日本的高中生有那麼用功的。

金：你在考日本的公費留學時，眞的是猛讀書。考上榜首可不容易呀。

周：五百人參加考試，錄取四名，是徹底的「窄門」。某專攻醫學的考生於考試前，拜託精神科的友人對他施催眠：「這次考試若沒通過，你這一輩子就完蛋了。」（一笑）

而且成績前四名不一定就是合格的。把筆試成績前十二名的名單送往日本大使館，由日本那邊選出其中四名。

對外公開是說由於法學、工學、醫學等各式各樣專攻的學生都來報考，若依順序錄取的話，會偏向某專攻領域。但我認爲實際上是另有內情的。

金：你考上的那一年，第二名的人被刷下來了吧？那個人於前一年是第三名，也被刷下，捲土重來，好不容易考上第二名，還是落榜。

他的專攻是物理，而拿第一名的你是工學，即所謂領域上的重複。可是，末尾第十二名的合格者是醫學部的，而藥學系的人也一起上榜了，實在是前言不搭後語。由於那名醫學部的考生的恩師與日本大使有交情，而藥學系的那名考生的岳父是有權勢者。結果就是這麼一回事。

周：我既無門路，也不是有權勢者的兒子，所以無論如何非考上第一名不可，而拚死拚活的猛讀書。不管怎麼說，也沒聽說過第一名落榜的。其中要考一科專門科目，其他是政治科目及日語。政治科目考中國近代史與蘇俄侵華史及三民主義。所幸日語成績所佔比率較高，我才能考上第一名。不管怎麼說，我是在九州出生九州長大的，戰後十二歲才回到台灣的「歸國子弟」，所以在考生中，我的日語是最強的。

考題中出了中國的成語，要轉譯成類似的日文成語，這樣的題目竟出了十道題。例如「旁觀者淸」之類的。

金：旁觀者可以非常冷靜地判斷事物，所以答案是「傍目八目」。

周：答對了！那麼「瞎貓碰老鼠」呢？

金：「犬も歩けば棒に当たる。」（一笑）

不過，能出這樣的問題，表示那個時候在台灣已有相當多懂日文的人吧。

◆無後盾者能戰鬪嗎？

周：由於我和妳都於留學中參加了台灣獨立運動，被列入國民黨的黑名單，使我們成了無家可歸的人。就連雙親的過世，也無法親眼看到他們最後一面。

不過，我想那時候即使可以歸國，我也不會回去。一九九二年，李登輝總統的改革使海外獨立運動者可以歸國，感覺敏銳、腳步又快的妳立刻下定歸國的決心（一笑），而我總是遲遲無法下決心。

當年我在台灣準備升學考試時，由於目睹國民黨政府屠殺台灣人——二二八事件至今記憶猶新，是個閉塞而連喘氣都困難的空間。「在這裏（台灣），我將無人生可言」的領悟，使得我在沒有冷氣的時代裏，能夠在圖書館汗流浹背的猛讀書。因而，在日本一邊投入獨立運動，一邊期待着台灣的轉變。

這次歸國，訪問李登輝前總統時，我一開口就說：「託李登輝總統有勇氣實行民主自由的改革之福，使我在有生之年能夠回到台灣。」這是我對台灣的轉變表示由衷的喜悅。

在與妳共著的《日本啊！台灣啊！》（扶桑社）中，寫着「在那裏，漂流着與日本同樣的柔和的空氣」，對於台灣的轉變實在令我高興啊。

可是對於戰前日本與台灣共有的價值觀，反而是日本方面改變了。

金：日本與台灣絕對不同之處，是台灣缺少福利制度，老年人讓國家照顧的天眞想法是不被允許的。而且在僅占百分之十幾的中國人控制百分之八十以上的台灣人的社會裏，若沒實力，是無法與中國人競爭而生存下來的。

台灣人以留學生之名逃亡海外，可是，台灣宛如國際孤兒一般地存在，即使是中華民國，在國際上也是不被承認的。在此情況下，爲了生存下去，沒有充分的力量是不行的。沒有後盾的戰鬥是需要眞正的實力的。

戰後的日本，形成了光說漂亮話就能生存下去的社會。而且若是遇到困難，就說國家不好或社會不好，而等着國家爲自己做些什麼。所以現在正面臨全球化、國際化的衝擊而坐立不安。

周：在國際化的社會裏，必須一對一地與外國人一決勝負。美國人也是在所謂的訴訟社會的戰場中培養出實力。可是一說到中國人，他們天生就是頑強的談判者，那種惡劣的手段是四千年來長期積累的經驗。日本人也好、台灣人也好，就像嬰兒的手被扭着似地，一開始就不是中國人的對手。

金：中國人嚇唬人的功夫很好。

周：套用作家林秀彥先生的話：在歐美的社會裏，說到賭博就是打撲克牌，旣要會唬人也要會裝出面無表情，從這當中學會臨機應變的戰略。而日本代表性的賭博是擲雙單數的骰子，勝負僅靠偶然與當時的運氣罷了。

◆台灣人與中國人

金：我們理所當然地將台灣人與中國人分別而論。可是在日本人當中，就有人無法理解了。

所謂的台灣人，除了高砂族的先住民以外，其他都是從中國過來的，究其根源，不都是漢民族嗎？不同的只是政治立場吧？有人如此草率輕言。一九四九年，中國大陸內戰戰敗而逃至台灣的人叫「外省人」，在此之前就住在台灣的人叫「本省人」，如此區分亦是打從內心認爲是同一民族。可是，現實上卻不是那麼一回事。

周：去年在「文藝春秋」每年出版的《日本の論點》中，妳和橫濱市立大學名譽教授矢吹晉先生針對台灣議論了一番，矢吹先生的意見就是那種典型的想法。他認爲台灣獨立運動是由於二二八事件以及在那之後的白色恐怖導致被鎭壓的台灣人的仇恨，而造成的後遺症。換句話說，他把它當成兄弟吵架了。

但是，光這樣是不可能掀起獨立運動的。想想日本的戊辰戰爭就能明白。在長州、山口的人攻下會津若松之時，發生了日本罕見的虐殺婦女兒童的殘暴事件。會津市的人對此怨恨之深，至今對於山口市的青年會議所提議的捐棄前嫌、締結姊妹市一事，一直是頑固地拒絕着。

另一方面，會津藩的子弟們內心也深怕成爲叛逆、國賊，而到昭和三（一九二八）年會津藩主的子孫松平勢津子被選爲秩父宮妃時，總算洗雪了國賊的污名，大大地提燈遊行一番。

若是兄弟吵架，其怨恨也頂多如此，不會變成革命運動或獨立運動。

金：原本在中國的歷史上，到處都有屠殺事件。

周：所謂「南京大屠殺」，也不僅一次而已，在中國的南京，每更換一個君主，就發生一次屠殺事件。

舉些較近的例子：由於太平天國之亂，反叛軍占領南京時就發生了大屠殺。辛亥革命時，清朝遺臣張勳發動反革命軍，「張勳復辟」使清朝短暫復活了，這時的反革命軍占領南京也是掀起了大屠殺。

但是即使大屠殺事件，有像台灣這樣掀起獨立運動的地域嗎？

從遺傳基因來說，我們的確是從中國沿岸渡海過來的子孫。但是很明顯的，我們是不同的民族。其最大的理由是台灣人的意識要比中國人來得近代化。

日本統治時代所遺留下來的財產，最常說的就是鐵路與水道等近代化的基礎設施。其實，意識的近代化，其影響所及要比物質建設大幾十倍呢。

戰前的日本被說成是軍國主義的黑暗時代，其實這只是一段時期而已。進入戰爭之前，有大正民主潮流、社會主義運動，自由、民主、個人解放等精神方面的近代化已相當進步。

台灣也受到了影響。在日本統治時代，台灣人最廣泛的政治運動是台灣議會設置請願運動。這項訴願要求日本比照本國的帝國議會，另設置反映台灣民意的議會，從大正時期以來直到爆發第二次世界大戰爲止，受到這種近代化洗禮的台灣人，和一直處於封建時代的中國人，其意識上的差異是不可同日而語的。

在中國，以皇帝爲頂點，在極權主義的統制之下，一聲號令即可通達全體的狀態，他們稱之爲「太平」。他們的價值觀是國家昌隆，其要素就是皇帝的權威、中華民族的統治、領土的擴大而已，沒有關心每個市井小民的生活是否幸福的政治思想。問題是這個觀念在國民黨或共產黨都絲毫沒有一點改變。就是因爲這種意識上的差距，我們深感與中國人不是同一民族。

金：我認爲，土地所具有的力量及風土氣候也發生很大的影響。

台灣由於氣候溫和，農產品及海產豐富，土地非常肥沃。

從中國沿岸移民過來的人都是厭惡中國的專制政治及貧窮，爲追求新天地而渡海來台灣的。移民過來的幾乎是男性，與原住民的女性結婚，現在的台灣人就是在這種豐裕的大自然中形成的。

所以與中國人的執拗比起來，台灣人的性情是溫和的。太溫和就變成了老實人，甚至有點天眞。

被國民黨欺壓，以及白色恐怖所受的創傷，不知何時早已忘得一乾二淨，因而於選舉時有人偏袒中國人。諸如台北市長的選舉由馬英九當選，這次的總統選舉，宋楚瑜的成績可觀，也都是因爲有相當多的台灣人投票給他們。

儘管如此，在「相信法律」這一點上，台灣人與中國人大不相同。在中國是「天高皇帝遠」、「上有政策，下有對策」，百姓的傳統想法是政治與他們的生活毫無關係。換言之，基本上就是個不信任的社會。然而，在日本統治台灣時代裏，相信爲政者會替老百姓做事，所以守法精神也打下了根基。

還有，是否有與台灣這個島嶼命運共同體的想法，亦可判別之。生活在台灣，吃台灣米，卻心向大陸的還是中國人。想住在這個島上、大家命運與共的才是台灣人。

周：因民族不同而發起獨立運動的意義，希望能得到更多的理解。

◆荒唐的「黃帝子孫」

金：一九九五年是簽定日清戰爭的講和條約—馬關條約，將台灣割讓給日本的一百週年。於是，以現在的副總統呂秀蓮女士爲中心，在曾是講和會議舞台的下關的料亭—「春帆樓」舉辦了一百週年紀念。

日本方面慣例地因爲怕刺激到如老虎般的中國，就連下關市長也沒出席，新聞媒體也沒報導，可是呂副總統在會上發表了大快人心的演說。一百年前發生的事，對台灣而言，能夠從中華社會割離出來，脫離中華思想的束縛是有相當大的意義。這場演講內容，我深表贊同。

周：日清戰爭終結一百週年是大新聞，可是沒有新聞報導，可見日本也算是夠可悲了。現在又因為教科書問題被中國說東說西的；可是在中國的教科書裏，卻記載着台灣是日本帝國主義從中國「盜取」得來的領土。如果硬要把在馬關條約這般正式的國際條約裏明言的「割讓」說成是「盜取」，那麼在美國與西班牙的條約中所得到的新墨西哥與德州也都成了「盜取」的領土。

日本外務省解釋中國的找碴不是干涉內政，那麼針對中國教科書也應該要抗議，進而應該挑明眞正被盜取的領土是西藏、蒙古、維吾爾族地域。

金：日本人對中華思想的惡毒，看得太天眞了。

周：在《日本啊！台灣啊！》裏，我提到在蔣介石時代的台灣學校禮堂中，均懸掛着「生命之意義在繼承宇宙繼起之生命」的大字，我很反感。有讀者反應說，不知道我為何反感。

這句話的意思是，「人的生命是宇宙生命連鎖的一環，其意義在祖孫相傳」。當今DNA之說盛行，這句口號不是極為正確嗎？讀者似乎從這角度來看的。（一笑）

爲了讓人家了解我的反感，從中國人罵主張台灣獨立的人「是什麼東西！」來說明較易明白。我們被罵爲「忘本背祖」，即責罵我們是忘了大本、背叛祖宗之輩。

金：然後被說：「你們也是黃帝的子孫吧。」只要是漢民族就是黃帝的子孫。戴上這高帽，不容分說地指責提倡獨立便是對祖先的背叛行爲。就好比日本人說你是天照大神的子孫，不可以做這做那是一樣的，簡直是一派胡言！

大言不慚地說「宇宙中的生命連鎖」，其實眞正的意圖是要將中國人擴散到全世界罷了。這「黃帝子孫」是中華思想的根本想法，就是完全不承認個體的存在或個體的意義，是標準的極權主義的大根本。

周：一說到黃帝，我就會調侃對方說：「黃帝這個皇帝相當好色呢。」傳說黃帝是稱霸中國西北地方的王者，擁有許多武將大臣等部下。可是如果說整個漢民族都是黃帝子孫的話，豈不是一人獨佔所有的女人，而不分配給部下嗎？（一笑）

引證那樣無聊的話來束縛現實，實在是愚蠢之至！

金：我們拚死拚活地投入獨立運動的那種緊張感，如今不僅是日本人，連台灣人也不能理解，實在是令人遺憾。

大家都不敢想像，沒有一個可以保護自己的國家是何等恐怖的事。我們一旦被發現是台灣獨立派的話，就要被強制遣送回國，即使死於獄中也不奇怪。日本入國管理局也是被國民黨政府所利用的「敵人」，實際上是互相協定將逃到日本的台灣吸毒犯與獨立派的留學生攪在一起遣送返國。

大伙兒在恐懼感之中，過着戰戰兢兢的日子。

獨立派的機關雜誌《台灣青年》，按照留學生的名單一一寄上，但有人就連看雜誌也怕被懷疑是獨立派，因此，看都不看就扔掉的人相當多。

即使看都不看就扔掉《台灣青年》，也怕當局撿到，驗出指紋，留下「你已讀過」的證據，便有人拿筷子夾起來丟進垃圾桶。

周：記得我們兩人第一次談話的時候，妳突然說：「在《台灣青年》寫小說的孫明海就是你。」

當時我眞的嚇了一跳。被妳猜中而感到喜悅的虛榮心，以及擔心妳是國民政府的間諜的恐懼感……所以既沒說是，也沒說不是，只是裝出奇怪的表情來混水摸魚。從來沒有人指出這事實的，唯獨妳而已，我知道妳很機靈，可是妳爲什麼知道的呢？

金：因爲你太多話了。（一笑）

在這之前，在讀書會上聽過你的議論，確信你的思想傾向獨立派；然後我們當了朋友之後，談到英美文學時，你雖是專攻電子工學，卻沒完沒了地大談一般所不知道的作家，如尤金·歐尼爾什麼的。

聽了你冗長的發言，了解到你喜愛文學。所以我肯定你就是那個人。「星星在夜空中眨眼……」寫得非常少女味嘛。

周：沒那麼……我記得我寫得很正經呢。

金：你寫評論堪稱第一流，可是小說就不行了。（一笑）

周：小說確實是寫得很糟。

這話題先擱下不談。那之後我的護照被沒收，終於變成無法受到國家保護之身。你後來也決心不去辦理延長手續，期限一到當日，就把護照撕毀扔掉了。

不論是當時或現在，有人無法理解這決意之重大。有的人在日本這個國家的保護下輕鬆地生活，卻非常討厭日本，說什麼人應該是地球市民等等空虛的議論。

昭和四十五（一九七〇）年正是學運鬥爭盛行之時，在我任教的東京理科大學裏，左翼的教授也搬弄了這些言詞。於是，我在教授會議上發言：「你們那樣討厭日本的話，日本的憲法有脫離國籍條款，可以自由選擇國籍，那就請放棄日本國籍好了。我也因為覺得持有中華民國護照是屈辱而將它扔掉了。」結果，教授會議一時鴉雀無聲了。

金：我也對這樣的人勸道：乾脆放棄日本國籍，以地球市民自居，試看哪個國家可以接受你。如此天真的人，恐怕哪裏也無法生存下去。

◆隱藏鷹爪的李登輝

周：如前所言，我之所以能回到台灣，全託李登輝總統有勇氣的改革之福。爲什麼李總統能夠落實到如此的自由化呢？還有，李總統的改革爲何都集中在總統任職的後半期呢？妳和李登輝先生交往較久，想請妳說明一下。

金：在李登輝先生的政治長才之中，能將「鷹爪」長久隱藏起來是一項很重要的才能。蔣經國之所以提拔李登輝先生，是因爲看他沒有政治的野心，能夠成爲自己的傀儡。

蔣經國在提拔他之前，曾派特務機關徹底地調查過李登輝先生的過去。李登輝先生年輕時曾對社會主義起共鳴，也參加過讀書會。特務告訴李登輝先生：「像你這樣的經歷，除了蔣經國之外，是沒有人敢用你的。」

可是由於當時台灣的農村很凋弊，農業改革成了緊急課題。因而無論如何也必須借重台灣農政學第一人選的李登輝先生。李登輝雖討厭國民黨，可是現在若不拯救農村，台灣的農業將一蹶不振，基於使命感而加入了體制。

蔣經國拔擢李登輝先生爲副總統，也是因爲美國不斷地要求國民黨政府若不實行自由化、民主化，就無法得到更多的援助，所以這也是表演給美國人看的，才讓台灣人的李登輝晉昇。

大致上，中國的政治家都是長壽的。蔣介石、毛澤東、鄧小平……宋美齡活到一百零三歲還很元氣呢。（一笑）蔣經國也沒想到自己會早死吧。所以放心地晉昇了看起來溫和的李登輝先生。

然而蔣經國的驟死，依憲法規定，李登輝先生當上了總統。

但是李登輝先生不焦急，穩紮穩打地鞏固了自己的根基。因爲突然亮出鷹爪的話，於下次的總統選舉就會被換成他人。

當時有所謂的國民代表大會，即類似日本選總理大臣的參議院，那些中國人代表是蔣介石還在中國大陸時，於一九四九年所選出來的，其後一直沒有改選而留任着。他們被稱爲「萬年國代」，只是六年選一次總統，就得到一輩子的身分與高收入的保證。

所以一直到廢除此一制度而實現總統直選爲止，李登輝先生一聲不響地把鷹爪隱藏起來。

周：萬年國代存在的本身就代表中國人與台灣人是不同的民族。他們名義上是中國大陸各省的代表，因為中國大陸被共產黨所控制而失去了合法的選民而無法選舉，以這屁道理將國代員額固定化了。即使因死亡而出缺時，也是以一九四九年選舉時的候選名單為基準，把下一名補上來任用，如此的花招從未間斷過。

但並非所有的候選人都逃到台灣來，加上有的人已經死亡，於是依序地往上遞補，最後甚至連不存在的泡沫候補也成了國代。

金：有這麼一則笑話：有一個當大廈管理員而邋裡邋遢長相寒酸的老人拚命練習簽名。有人問他：「為什麼拚命練習簽名呢？」他答道：「下次輪到我遞補國代了。」所以，獲得總統直選的勝利，才是李登輝改革的開始。

◆說台灣人是「漢奸」，真蠢！

周：由於小林善紀所著《台灣論》的出版，在台灣引起了猛烈的反日風潮。這是針對年底立法院的選舉，惟恐從此消聲匿跡的中國人的政黨—新黨的一伙人，為了突顯自己的存在而演出的把戲。可是因為台灣年輕的一代所接受的都是中國人的反日教育，我擔心又出現與中國人政黨同步調的人。

妳即時地趕回台灣，一步也不退讓地奮戰到底。雖說是我老婆，可是眞佩服妳。不過，妳也受了不少對方卑劣的攻擊呀。

金：雖然政權已換，可是新聞媒體仍被中國人所掌控。他們對着我問：「妳是親日的嗎？」就好像親日是壞事似的口吻，中國人的價值觀認爲親日就是背叛者，認爲這麼一說，我就會畏縮。

周：有人說妳是「漢奸」，眞是愚蠢呢。（一笑）所謂漢奸是指背叛中國的人，中國人最討厭被人說成漢奸，而我們一直說我們不是中國人，也否定中國人的價值觀，所以根本就傷害不了妳。

金：本來就是嘛。所以我回答對方說：你頭殼壞了，結果對方很生氣。（一笑）最氣人的是在電視節目裏，對方說：「妳已經三十幾年沒有回台灣，沒有資格批評台灣的政治。」我一火大，就連珠炮般的斥責：「造成我想回來而回不來的不就是國民黨政府嗎？使得我連父母的最後一面也無法見到。」對方批評的水準也很低，在國會上，新黨的議員也發言道：「金美齡在日本住了四十二年，應該取得日本國籍了。」有沒有取得日本國籍，簡單調查就可立刻明白的呀。

因爲被糾纏不休地問：「你是什麼人？」終於讓我吐出了眞心話：「我是台灣人，

我不承認中國人的政府中華民國。」於是，對方說：「不承認中華民國的傢伙爲什麼當國策顧問呢」？就在國會上吵嚷着要陳水扁總統解聘我。

這是我的眞心話，但在政治上而言，是得意忘形的敗筆。

可是，陳總統藉着與中國的民運領袖、長年被共產政權逮捕入獄的魏京生會面時說：「台灣是自由民主的國家，即使是國策顧問也有言論的自由。我會徹底地保護言論自由。」於是很有技巧的解救了這個危機。

而且，對方犯了很嚴重的錯誤。那就是禁止小林善紀入境，這個舊官僚的巢窟受到部分議員的慫恿而做出單方面的決定。結果連稍有政治敏感性的中國人馬英九、宋楚瑜等人，也覺得有點過分，於是開始與這些人保持距離。

周：由於妳的活躍，新聞媒體也慢慢開始改變方向了。在那之前，台灣人即使參加電視台的討論節目，總是做些中間路線的發言，沒有人像妳這樣明確發言的。所以，收視率好像上漲了。畢竟傳媒也不得不顧慮收視率呢。（一笑）

金：有一個新聞節目的主持人是中國人，非常討厭李登輝，可謂台灣的久米宏（日本的新聞主播）。（一笑）因爲他長久當新聞主播，知道什麼樣的人物登場可以提高收視率，便一直邀我上節目。

只是中國人的議論沒有什麼規則可循，也沒有什麼道理，只要大聲大吼就贏了。而且，傳媒全是中國語的世界，要是用日本話，我就可以百分之百傳達自己的意見，但用台灣話或中國話，我就不習慣於政治性議論，所以無法說得像日語那般針針見血。先天已不利，加上五人之中有四人是中國派，嘩然攻來，要沒有強韌的毅力是敵不過他們的。

節目製作人也是他們同伙，所以要怎麼操縱都可以，譬如，把題目訂爲「國策顧問金美齡自動辭職？還是被迫辭職？」就可知道。我唯一依靠的，只有台灣人的聲援：幹得好！

周：眞是孤軍奮戰，幹得好！

金：你不要老是誇獎我，偶而也替我上電視講講話不行嗎？

周：講中國話我不行啦。說日語的話，我倒樂意上場。

金：眞是的，你只會看我的笑話。（一笑）

——發表於日本《諸君》月刊二〇〇一年五月號

國家圖書館出版品預行編目資料

日本啊！台灣啊／金美齡、周英明合著，張良澤譯．
--初版．--台北市：前衛，2001［民90］
224面；15×21公分．

ISBN 957-801-313-2(精裝)

1.政治—台灣

573.09 90010795

《日本啊！台灣啊！》

著　　者／金美齡、周英明
譯　　者／張良澤
出版者
前衛出版社
地址：106台北市信義路二段34號6樓
電話：02-23560301　傳眞：02-23964553
郵撥：05625551　前衛出版社
E-mail：a4791@ms15.hinet.net
Internet：http://www.avanguard.com.tw
執行編輯／邱振瑞
法律顧問／汪紹銘律師・林峰正律師
總代理
紅螞蟻圖書有限公司
地址：台北市內湖舊宗路2段121巷28.32號4樓
電話：02-27953656　傳眞：02-27954100
出版日期／2001年8月初版第一刷

Printed in Taiwan　ISBN 957-801-313-2
定價／220元